Exercite aqui sua atitude filosófica, científica e ética com base nos exemplos de pensadores que fizeram história.

PAULO H. WEDDERHOFF

Libertando-se dos MITOS

Pérolas filosóficas para ajudar no desenvolvimento do pensamento crítico

Editora InVerso

® 2022. Editora Inverso

R. Doutor Goulin, 1523 Alto da Glória
CEP 80040-280 Curitiba-PR
(41) 3254-1616 e (41) 3558-8001
editorainverso@editorainverso.com.br
www.editorainverso.com.br
Facebook.com/editorainverso
Instagram @editorainverso

COORDENAÇÃO EDITORIAL/ EDITORA
Cristina Jones

CAPA, PROJETO GRÁFICO E DIREÇÃO DE ARTE
Adriane Baldini

REVISÃO
Carlos W. Jorge

DADOS INTERNACIONAIS DE CATALOGAÇÃO NA PUBLICAÇÃO (CIP)
Mona Youssef Hammoud – CRB/ 9ª 1393

W388l

WEDDERHOFF, Paulo Henrique. **Libertando-se dos mitos.**
Curitiba.: Ed. InVerso, 2022
112 p. 15 x 21 cm PTBR

ISBN: 978-85-5540-290-6

1.Ensaios. 2. Filosofia grega. 3. Pensamento crítico. 4. Reflexão.
5. Conhecimento. I.Título

CDD: 869.3

Ensaios: 869.3
Conhecimento: 372.3

Por que estudar os antigos filósofos?

"Aquele que estudar a forma como as coisas se originaram, terá delas a mais clara visão".

Aristóteles (322 a.C.)

SUMÁRIO

8 Introdução

12 Surgem os primeiros *philo sophós*

14 Mapa da Grécia antiga

18 TALES de Mileto

22 ANAXIMANDRO de Mileto

24 ANAXÍMENES de Mileto

25 PITÁGORAS

29 XENÓFANES de Cólofon

30 HERÁCLITO

32 PARMÊNIDES de Eleia

33 ANAXÁGORAS

35 EMPÉDOCLES

38 ZENÃO de Eleia

40 PROTÁGORAS de Abdera

42 GÓRGIAS de Leontinos

43 SÓCRATES

46 HIPÓCRATES

49 LEUCIPO

51 DEMÓCRITO de Abdera

53 PLATÃO

58 DIÓGENES de Sínope
60 HERÁCLIDES Pôntico
61 ARISTÓTELES
67 EPICURO
72 ZENO de Citium
75 *Complexidade e Transdisciplinaridade*
76 O que é Filosofia?
78 O que é Ciência?
79 O que é Religião?
81 Conceitos de Religião, Igreja, Templo e Religiosidade
83 Capacitação para a vida em sociedade
86 A unidade do conhecimento
87 Comparando Filosofia, Ciência, Religião e Mito
89 Um inesquecível exercício de Filosofia
102 Conceitos de atitude científica, filosófica e religiosa
106 Libertando-se dos mitos
108 Agradecimentos
110 Bibliografia

INTRODUÇÃO

O grande filósofo Immanuel Kant é citado dizendo que "não se aprende filosofia, aprendemos a filosofar". Mas o que é filosofar?, perguntaria quem acaba de ler esta afirmação.

Se filosofia é busca da sabedoria, seu primeiro degrau seria buscar o conhecimento, e este começa pela curiosidade natural. A curiosidade, que nunca nos abandona, pode com o tempo alcançar o estágio de atitude filosófica, ou seja, a atitude de questionar o conhecimento para testar sua lógica.

Um diálogo imaginário poderia nos servir de exemplo de como a curiosidade pode se transformar em atitude filosófica.

Imaginemos um menino grego nos tempos de Sócrates abordando seu pai.

— Papai, de onde surgiram os gregos?

Sem pensar muito, o pai, que acredita nos mitos antigos, responde:

— Um dia, há muito tempo, os deuses desceram do Olimpo, casaram-se com as gregas, e daí surgiram os gregos.

Contente com a resposta, o menino se vai.

Digamos que dez anos se passaram e o mesmo menino volta ao assunto com seu pai.

— Papai, lembro que uma vez lhe perguntei de onde vieram os gregos e você disse que os deuses desceram do Olimpo, casaram-se com as gregas e daí nasceram os gregos, mas agora eu tenho uma dúvida: e de onde vieram as gregas?

Ou seja, à medida que aprendemos a pensar, vamos questionando o que aprendemos no passado, e isso inclui até as certezas que tínhamos ou as que tentam nos passar no presente.

A busca pela compreensão do existente, da realidade, daquilo que vemos, parece não ter idade nem fim. Alguns jovens buscam entender o mundo, alguns adultos buscam entender a vida, o ser, sua origem, seu destino, sua razão. Ou seja, de uma forma ou de outra, muitos de nós exercitamos nossa atitude filosófica e científica em variados graus. À medida que tomamos consciência desse potencial inato, nos tornamos mais eficientes na observação, nos questionamentos e na interpretação dos resultados e respostas.

Esse processo de autoiluminação acaba nos libertando de alguns receios e mitos, dando lugar a uma sensação de confiança serena sobre aquilo que já observamos, verificamos e experimentamos. Alguns chamam isso de fé, e outros de razão.

Quando lemos um pouco sobre a infância da consciência humana, descrita em alguns livros de história da filosofia, nos surpreendemos com alguns relatos sobre mitos antigos. Nossos ancestrais tinham perguntas, observações e ideias que hoje nos parecem variar entre o infantil e o sublime.

Milênios depois, a mesma lógica permite imaginar que leitores futuros, atentos às nossas questões e conclusões atuais, poderão fazer sobre nós a mesma avaliação que hoje fazemos sobre os antigos filósofos.

A despeito disso, nos encorajamos a coletar algumas ideias e promover o estudo e o debate, com o intuito de provocar o pensar. Assim sendo, a coletânea que se segue é um resumo de algumas dessas pérolas colhidas pelos participantes das nossas reuniões de filosofia com voluntários interessados em saber mais do que as escolas oferecem. A parte inicial deste trabalho foi desenvolvida no segundo semestre de 2002. O estudo começou com as observações e questionamentos de Tales de Mileto em torno de 650 a.C. e se estendeu até Zenão de Cítio, em torno de 260 a.C., cobrindo, portanto, um período de aproximadamente 280 anos.

COMO ERA O AMBIENTE CULTURAL NA GRÉCIA ANTIGA?

ARTES

Os gregos eram excelentes escultores, pois buscavam retratar o corpo humano em sua perfeição. Músculos, vestimentas, sentimentos e expressões eram retratados pelos escultores gregos. As artes plásticas da Grécia Antiga influenciaram profundamente a arte romana e renascentista europeia.

FILOSOFIA

A cidade de Atenas foi palco de grande desenvolvimento filosófico durante o Período Clássico da Grécia (século V a.C.). Os filósofos gregos pensavam e criavam teorias para explicar a complexa existência humana, os comportamentos e sentimentos.

ESPORTES

Foram os gregos que desenvolveram os Jogos Olímpicos, que se repetiam a cada quatro anos na cidade grega de Olímpia. Era uma homenagem aos deuses, principalmente a Zeus (deus dos deuses). Atletas de diversas cidades gregas se reuniam para disputar esportes como natação, corrida, arremesso de disco, entre outros. Os vencedores das Olimpíadas eram recebidos em suas cidades como verdadeiros heróis e ganhavam coroas de louro.

MITOLOGIA

Para explicar as coisas do mundo e transmitir conhecimentos populares, os gregos criaram vários mitos e lendas. As histórias eram transmitidas oralmente de geração para geração. A mitologia grega era repleta de monstros, heróis, deuses e deusas e outras figuras mitológicas. Os mitos mais conhecidos são Minotauro, Medusa, Ícaro e o herói Hércules.

TEATRO

Os gregos eram apaixonados pelo teatro. As peças eram apresentadas em anfiteatros ao ar livre e os atores representavam usando máscaras. As comédias, dramas e sátiras retratavam, principalmente, o comportamento e os conflitos do ser humano. Ésquilo e Sófocles foram os dois mais importantes escritores de peças de teatro da Grécia Antiga.

DEMOCRACIA

A cidade de Atenas é considerada o berço da democracia (sistema político que possibilita a participação dos cidadãos nas decisões do país). Os cidadãos atenienses — homens nascidos na cidade, adultos e livres — eram aqueles que podiam participar das votações que ocorriam na Ágora (praça pública). Decidiam, de forma direta, os rumos da Cidade-Estado.

MÚSICA

Na Grécia Antiga havia dois gêneros musicais. O gênero vocal (cantado) e o instrumental. Esse segundo gênero fazia uso, principalmente, dos seguintes instrumentos: cítara, lira, salpinge (tipo de trombeta), siringe (flauta) e aulo (instrumento de sopro).

SURGEM OS PRIMEIROS *PHILO SOPHÓS*

Poderíamos dizer que a Filosofia começou quando os seres humanos começaram a tentar entender o mundo, não por meio da religião ou pela aceitação da autoridade dos governantes, mas pelo uso da razão. Assim como nós, eles não sabiam que eram prisioneiros de mitos. Sua intuição, contudo, lutava contra algumas ideias que lhes pareciam infundadas ou ilógicas. Seria algo semelhante ao pré-adolescente que questiona os mitos de Papai Noel e Coelho da Páscoa.

Sugerimos ao leitor que observe o encadeamento e a progressão das propostas desses pensadores, notando que algumas ideias parecem servir de degraus para as ideias seguintes.

Esperamos que estes breves textos sirvam de incentivo para que o leitor se anime a conhecer melhor alguns desses pensadores. Isso ajudará a preencher uma importante lacuna deixada por nossas escolas, as quais, desprezando o ensino da história dos construtores do conhecimento humano, ignoram o benefício do desenvolvimento precoce da tão importante atitude filosófica, que servirá de apoio à sua atitude científica e ética.

A Filosofia ganhou este nome na Grécia Antiga graças a alguns pensadores que, ao fazer a avaliação crítica do conhecimento existente, não se conformaram com as respostas simplistas e prontas que encontraram. Ao persistirem na busca do conhecimento novo, passaram a ser chamados de *PHILO SOPHÓS,* ou seja, amantes da sabedoria.

Tales de Mileto foi escolhido por seus sucessores como o primeiro dos sábios gregos e inaugurou uma série de pensadores, os quais, cada um a seu tempo, fizeram um esforço consciente para compreender e explicar a natureza do mundo físico e a origem da vida. Por rejeitarem os mitos antigos, cujas explicações não lhes pareciam satisfatórias, eles se debruçaram sobre o pensamento reinante e foram fazendo observações, formulando perguntas e construindo conclusões. Suas ideias e seus escritos marcaram a história do pensamento e são hoje considerados como marcos da evolução do processo de ampliação do conhecimento humano. Muitos desses pioneiros foram rejeitados e perseguidos, mas o mundo nunca mais foi o mesmo depois que eles contaminaram com o vírus da curiosidade todos aqueles que tiveram contato com seus questionamentos.

Há um paralelo interessante a fazer entre esses pensadores e nossos esforços para aprender a pensar. Os antigos filósofos tentavam entender o mundo material, enquanto nós **tentamos compreender o que há além do mundo material.** Eles foram os precursores da interminável busca do entendimento da origem das coisas, do ser, do sentido da vida e do universo. Nós somos seus herdeiros.

Cabe a nós prosseguir na busca e dividir nossas conclusões com aqueles que virão depois de nós, ajudando-os a expandir os limites do conhecimento e do entendimento da realidade.

Algumas das conclusões aqui reunidas podem parecer ingênuas, enquanto outras são verdadeiras pérolas de sabedoria quando consideramos as limitações do conhecimento de aproximadamente 2.500 anos atrás. Independentemente da opinião que tenhamos deles, é inegável que suas ideias serviram de degraus na infinita escada do conhecimento. Esperamos que você desfrute do prazer de visitar, ou revisitar, alguns desses degraus, e possa contribuir para a expansão dessa escadaria que se estende na direção do que aguarda ser descoberto.

MAPA DA GRÉCIA ANTIGA

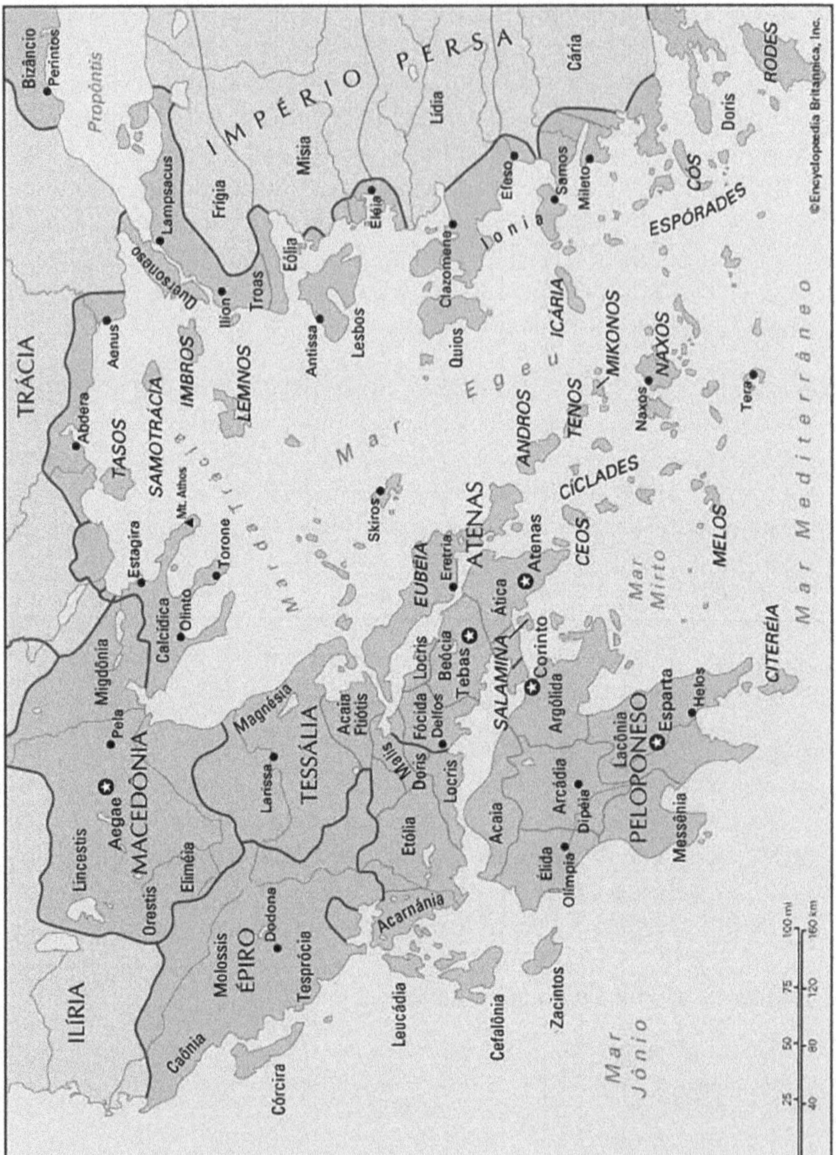

REPRODUÇÃO ENCYCLOPEDIA BRITANNICA 1998

CINCO IMPORTANTES LIÇÕES DE FILOSOFIA

1

"A primeira lição de filosofia é que todos podemos estar equivocados."

Will Durant

2

"Não aprendemos filosofia, aprendemos a filosofar."

Immanuel Kant

3

"Filosofar é questionar as certezas."

Viviane Mosé

4

"A certeza é a maior inimiga da verdade."

Friedrich Nietzsche

5

"A certeza equivocada é mais perigosa do que a dúvida."

Paulo Henrique Wedderhoff

Um diálogo entre Sócrates, o filósofo, e Hípias, o sofista

Filósofo é quem busca a sabedoria, ou seja, o conhecimento coerente e lógico aplicável para o bem de todos.

Sofista é quem usa argumentos falsos para impor uma verdade duvidosa.

Diálogo da Beleza — extraído do filme *Sócrates*, de Roberto Rossellini:

— Te saúdo, Sócrates! — diz Hípias ao cruzar com Sócrates em uma das ruas de Atenas.

— Olhem o belo Hípias! — responde Sócrates. — Fazia tempo que não o víamos pela cidade. Aonde vais tão bem vestido, Hípias?

— Vou ao ginásio fazer um discurso sobre a genealogia dos heróis. Gostaria de ouvi-lo?

— Não posso. Infelizmente tenho outro compromisso — responde Sócrates.

— É um discurso que já fiz e todos acharam muito belo, mas eu gostaria de ter também a tua opinião.

— Você disse muito belo? Então você sabe o que é a beleza? — provoca Sócrates.

— Ah, certamente! — responde Hípias, demonstrando autoconfiança.

— E você se importaria de me explicar o que é?

— Facílimo! Uma bela donzela, Sócrates, aí está algo belo!

— Uma boa resposta, mas diga-me, Hípias, pode-se dizer que uma bonita jumenta é bela?

— Sim. Na minha cidade há jumentas de grande beleza — responde Hípias.

— E uma bonita panela, pode-se dizer que é uma bela coisa?

— Não entendo, caro Sócrates, que você se possa servir de um objeto assim tão prosaico[1] para falar de coisas tão elevadas.

— Mas o que você esperava? Eu sou apenas um ignorante. Porém você deve admitir que uma bonita panela também é bela.

— Sim, pode ser, porém a mais bela das panelas, diante de uma bela donzela é feia — responde Hípias.

— Como a mais bela das donzelas será feia se comparada a um deus. É o que acha?

— Exatamente! — responde Hípias com segurança.

— Mas antes você disse: uma bela donzela, aí está algo belo. E há pouco me disse que comparada a um deus é feia. Mas não pode ser bela e feia ao mesmo tempo. Assim, você ainda não me disse o que é a beleza!

— Te explico em outro dia! Quando queiras. Até logo, Sócrates!

Questão filosófica: Onde está a beleza? No que se observa ou no interior do observador?

1 Prosaico. Comum, corriqueiro, banal.

TALES de Mileto

624 a.C. - 546 a.C.

Natural da cidade jônica de Mileto, na Ásia Menor, onde hoje é a Turquia.

"DE QUE É FEITO O MUNDO?"

Como todos os filósofos jônicos do seu tempo, Tales se impressionou profundamente com o aspecto do nascer, do viver e do morrer. Tales via na natureza os mesmos ciclos, em que a primavera, o verão e o outono se relacionavam com a infância, o crescimento e a maturidade. Foi o primeiro grego a ser chamado de "sábio". Foi político, comerciante, geômetra e pensador. Rejeitava os mitos e buscava o conhecimento prático do mundo e das estrelas.

Há poucas informações sobre seus escritos. Sua vida se conhece superficialmente por referência de outros autores, que a ele atribuem o seguinte:

- Efetuou viagens à Índia e ao Egito e foi considerado um dos sete sábios da Antiguidade.

- Destacou-se principalmente por seus trabalhos em filosofias matemáticas, e se atribui a ele as primeiras demonstrações de teoremas geométricos. Por isso é considerado o Pai da Geometria.

- Tales filosofava: "Onde quer que eu vá, a terra termina em água. Sob o frio, a água vira pedra; sob o calor, vira ar. Quando chove, brotam plantas, que devem ser água em outra forma. Todos os seres precisam de uma grande e contínua ingestão de água para continuar a viver." Ele acreditava que a terra flutuava sobre a água e por essas observações perguntava: **"Será que a vida não veio da água?"**

• Como observador da constelação Ursa Menor, instruiu os navegadores a se orientarem por ela. Conta-se que, uma vez, ao observar as estrelas, foi visto dentro de um poço. Uma versão é que ele olhava o céu e caiu. Outra versão é que ele entrou para observar o céu noturno sem a interferência das luzes da superfície.

• Previu o eclipse solar do ano de 585 a.C., e por esse feito temos uma ideia do período em que Tales fez seus estudos.

• Foi o primeiro a sustentar que a lua brilhava pelo reflexo da luz solar e determinou com exatidão o número de dias que tem um ano.

• Atribui-se a ele a história da mula que quando carregava sal entrava no rio para dissolver o sal e diminuir o peso de sua carga. Tales, para tirar esse mau costume do animal, carregou-o com esponjas.

• Quando zombaram dele por sua pobreza, Tales investiu todo o dinheiro que tinha poupado, alugando para si todas as prensas de azeitonas da sua região. Na época da colheita, pôde cobrar o que bem quis das pessoas que precisavam de prensas. Isso serviu para mostrar que os filósofos podem fazer dinheiro se quiserem, mas que se não o fazem, é porque estão interessados em outras coisas.

• Quando lhe perguntaram qual a recompensa que teria por seus feitos, respondeu: "Me consideraria recompensado se os demais não os tomassem para si."

Tales, durante parte de sua vida, tornou-se um bom comerciante. Após enriquecer, retirou-se dos negócios e pôde dedicar-se aos estudos, adquirindo muitos conhecimentos através de viagens. Aprendeu geometria e provavelmente astronomia com sacerdotes egípcios e determinou a duração do ano. Ainda em vida, foi considerado o Pai da Astronomia, da Geometria e da Aritmética.

EXERCITANDO A ATITUDE FILOSÓFICA

Leia as questões e não perca a oportunidade de fazer um pouco de *neuróbica* — exercício dos neurônios. E, só depois de tentar respondê-las, veja as respostas de Tales na página adiante.

1. Qual a coisa mais velha de todas as coisas?

2. Qual a mais bela de todas as coisas?

3. Qual a maior de todas as coisas?

4. Qual a mais constante de todas as coisas?

5. Qual é a melhor de todas as coisas?

6. Qual é a mais rápida de todas as coisas?

7. Qual é a mais forte de todas as coisas?

8. Qual é a mais fácil de todas as coisas?

9. Qual a mais difícil de todas as coisas?

Agora que você já tem as suas respostas, compare-as com estas.

1. Qual a coisa mais velha de todas as coisas?

— *O Criador, porque Ele sempre existiu.*

2. Qual a mais bela de todas as coisas?

— *O Universo, porque é trabalho do Criador.*

3. Qual a maior de todas as coisas?

— *O espaço, porque ele contém o que foi criado.*

4. Qual a mais constante de todas as coisas?

— *A esperança, porque ela permanece nos homens mesmo depois de terem perdido tudo.*

5. Qual é a melhor de todas as coisas?

— *A liberdade, porque sem ela não há nada de bom.*

6. Qual é a mais rápida de todas as coisas?

— *O pensamento, porque em um segundo pode-se voar para o extremo do Universo.*

7. Qual é a mais forte de todas as coisas?

— *A necessidade, porque ela faz os homens enfrentarem os perigos da vida.*

8. Qual é a mais fácil de todas as coisas?

— *Dar conselhos.*

9. Qual a mais difícil de todas as coisas?

— *Conhecer a si mesmo.*

ANAXIMANDRO de Mileto

611 a.C. - 547 a.C.

Natural da cidade jônica de Mileto, na Ásia Menor.

"APEÍRON É A FONTE DE TODAS AS COISAS."

Discípulo de Tales, foi o primeiro a escrever um livro sobre filosofia da natureza. Afirmava que a origem, ou a fonte de todas as coisas da *physis* (natureza), era o *apeíron* (fluido universal). *Apeíron* é uma palavra grega que significa algo indeterminado, grandioso e ilimitado; sendo uma massa de substância sem qualidades determinadas e sem limites de extensão ou duração. Eterno, o *apeíron* está em constante movimento e deste resulta uma série de pares opostos: água e fogo, frio e calor, dia e noite, etc. Esse movimento produz desequilíbrio.

• Atribui-se também a Anaximandro a confecção de um mapa do mundo habitado; a introdução na Grécia do uso do *gnômon* (relógio de sol), a medição das distâncias entre as estrelas e o cálculo de sua magnitude. Foi o iniciador da astronomia grega.

• Percebeu que, se a terra, como dizia Tales, era sustentada pelo mar, o mar teria que ser sustentado por alguma outra coisa, e assim por diante. Resolveu esse problema com uma solução inesperada: **"A terra não é sustentada por nada, mas fica imóvel devido ao fato de estar igualmente distante de todas as demais coisas"**. Sua forma é igual à de um tambor. Caminhamos em uma de suas superfícies planas enquanto a outra fica do lado oposto".

O mapa celeste de Anaximandro:

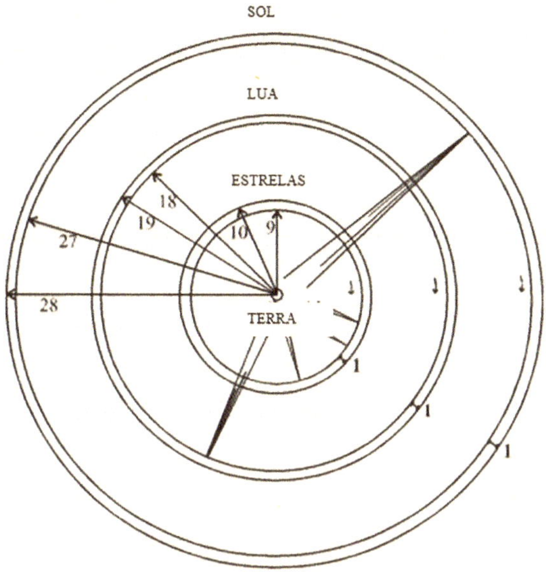

Anaximandro achava que as estrelas estavam próximas da terra.

A seguir estava a lua, e mais distante estava o sol.

ANAXÍMENES de Mileto

588 a.C. - 524 a.C.

Natural da cidade jônica de Mileto, na Ásia Menor.

"A ÁGUA E TUDO O MAIS VÊM DO AR."

Discípulo de Anaximandro, confirmou que a lua recebe sua luz do sol. Julgava que o elemento primordial das coisas é o ar. Segundo Anaxímenes, a arché, ou princípio que comanda o mundo, é o ar, um elemento não tão abstrato como o apeíron, nem tão palpável como a água.

• Considerava óbvio que a terra era plana, mas que era sustentada pelo ar, assim como a tampa de uma panela em ebulição flutua sobre o vapor.

• Tudo provém do ar, através de seus movimentos. O ar é respiração e é vida; o fogo é o ar rarefeito; a água, a terra, a pedra são formas cada vez mais condensadas do ar. As diversas coisas que existem, mesmo apresentando qualidades diferentes entre si, reduzem-se a variações quantitativas (mais raro, mais denso) desse único elemento.

• Atribuindo vida à matéria e identificando a divindade com o elemento primitivo gerador dos seres, o ar de Anaxímenes não era apenas a substância de onde provinham todas as coisas, mas desempenhava também um papel "divino".

PITÁGORAS

571 a.C. - 497 a.C.

Natural da Ilha de Samos.

"TUDO É NÚMERO."

Em 494 a.C. os persas destruíram Mileto e o centro da filosofia transferiu-se para a Magna Grécia, ao sul da Itália, e para a Sicília, formando-se o que mais tarde Aristóteles chamou de Escola Itálica. Pitágoras fundou em Crotona, colônia grega na Itália, uma associação religiosa-científica-ética-política, que se tornou o centro de irradiação da escola e encontrou partidários entre os gregos da Itália meridional e da Sicília. A parte religiosa era baseada no *orfismo* — um culto popular que pregava a transmigração da **alma** e a necessidade de purificação do homem para salvá-lo do ciclo de **sucessivas reencarnações.** Assim como o orfismo, a seita pitagórica tinha um caráter secreto e suas ideias só eram acessíveis aos iniciados, que deviam praticar uma série de obrigações.

- Conseguiu fazer com que a educação ética da escola se ampliasse e influenciou em algumas reformas políticas; isto, porém, levantou oposições e ele foi constrangido a deixar Crotona, mudando-se para Metaponto, na Itália.

- Segundo o pitagorismo, o princípio essencial de que são compostas todas as coisas é o número, ou seja, as relações matemáticas.

- Os pitagóricos, não distinguindo ainda bem forma, lei e matéria, e substância das coisas, consideraram o número como sendo a união de um e outro elemento. Da racional concepção de que tudo é regulado segundo relações numéricas, passou-se à visão fantástica de que o número fosse a essência das coisas.

• Tudo começa pela unidade e na unidade. **Deus,** que é o único e o primeiro entre todas as coisas, é a unidade primária, causa infinita do processo infinito das causas e dos efeitos finitos.

• O Universo é a unidade constituída pela multiplicidade.

• O ponto é o número um, a linha é o número dois, a superfície é o três, o volume é o quatro. Os pitagóricos consideravam o 10 um número sagrado por ser a soma 1+2+3+4.

• Pitágoras trouxe importante colaboração à música. Relacionou o som de cada corda da lira com o comprimento e a espessura de cada uma das cordas, iniciando assim a identificação da frequência vibratória com o som musical. Descobriu que o som varia de acordo com o comprimento da corda, numa relação proporcional simples: diminuindo pela metade o comprimento da corda obtém-se uma oitava acima; um acorde (ou harmonia) mais simples é produzido quando o comprimento das cordas está na razão 3:4:5. A música, em suma, é uma relação numérica, e se soa desagradável, sem harmonia, é porque a relação entre os números não se encontra numa proporção justa.

• Um exemplo de relações constantes entre os números é o famoso teorema de Pitágoras, que afirma que o quadrado da hipotenusa é igual à soma dos quadrados dos catetos. Lembra da famosa fórmula
$a^2 = b^2 + c^2$?

• Os egípcios já utilizavam essa relação, mas o mérito de Pitágoras foi demonstrá-la por métodos racionais. Veja a demonstração geométrica a seguir, onde os catetos têm 3 e 4 metros, respectivamente:

$a^2 = b^2+c^2$
$a^2 = 3^2 + 4^2$
$a^2 = 9 + 16$
$a^2 = 25$
$a = 5$

Portanto, a hipotenusa sendo 5, seu quadrado é 25, que por sua vez é igual à soma dos quadrados 'b' e 'c', que também é 25.

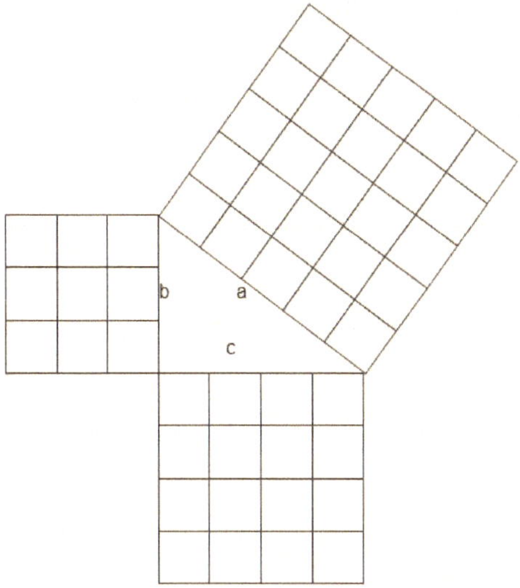

COMPROVE VISUALMENTE:

Olhe para o quadrado de 3 metros de lado como sendo um quadrado de 3 por 3, ou seja, 3 ao quadrado. Agora calcule: 3 x 3 = 9.

Em seguida olhe para o quadrado com 4 metros de lado e faça o mesmo. Ou seja, 4 por 4, ou 4 x 4 = 16 . Some: 9 + 16 = 25.

Com isso note que a soma dos quadrados dos catetos é 25.

Como o quadrado da hipotenusa é igual à soma dos quadrados dos catetos e esta soma é 25, então tiramos a raiz quadrada de 25 e encontramos 5.

A demonstração geométrica do teorema permite a sua comprovação visual e facilita o entendimento da lógica da fórmula.

Atribui-se a Pitágoras a criação de termos como:

Filosofia: do grego *philo* = amor e *sophós* = sabedoria.

Cosmos: do grego *kosmos* = bem ordenado — provavelmente referindo-se ao firmamento estrelado.

Teoria: do grego *theoría* = descrição racional oral ou escrita do conhecimento.

XENÓFANES de Cólofon

570 a.C. - 475 a.C.

Natural de Cólofon, na Ásia Menor.

"CADA PESSOA TEM A SUA VERDADE TEMPORÁRIA."

Seu espírito crítico e cético colocava em dúvida a moralidade das divindades gregas e as limitações do conhecimento humano.

• Sua principal atividade era a poesia, que apresentava importante conteúdo filosófico. Sempre escrevia em forma de versos. Passou grande parte de sua vida viajando pelo mundo grego e recitando seus poemas.

• Posteriormente, Aristóteles lhe atribuiu a fundação da escola filosófica eleática (de Parmênides e Zenão), apesar de não haver dados seguros que confirmem essa afirmação.

• Foi o primeiro filósofo a enfrentar diretamente a teologia de sua época, e essa atitude teve grande influência sobre os filósofos posteriores.

• Afirmava que existia apenas um Deus, eterno e imóvel. Tinha profundo desprezo por todo antropomorfismo (divindades com formas humanas). "Se os cavalos e os bois tivessem mãos, os cavalos desenhariam os deuses com a forma de cavalos, e os bois, com a forma de bois", dizia ele.

• Aprendendo cada vez mais e mudando nossas ideias à luz do que aprendemos, podemos nos aproximar cada vez mais da verdade, mas nossas ideias permanecem sempre nossas, havendo sempre um elemento de conjectura envolvido.

HERÁCLITO

544 a.C. - 483 a.C.

Nasceu e viveu em Éfeso, na Ásia Menor.

“NÃO É POSSÍVEL BANHAR-SE NO MESMO RIO DUAS VEZES.”

Heráclito, o Obscuro, assim chamado provavelmente por não ser compreendido, buscava alcançar o entendimento de que por trás da diversidade havia uma unidade. Tudo é um!, dizia ele. A realidade não é composta de uma variedade de coisas, mas de um processo de contínua criação e destruição. **A única permanência é a mudança.** O que vive, vive pela destruição de outra coisa. O fogo, por exemplo, vive pela morte do ar. O que parece harmonia é a tensão dos opostos. A base do equilíbrio é a luta; a luta é boa, uma vez que ela é a fonte da vida. O princípio de tudo não é a água, o ar, o *apeíron*, e sim o **vir-a-ser.**

• Tudo flui. O mundo é um eterno fluir, como um rio; e é impossível banhar-se duas vezes na mesma água. Uma versão mais atual dessa frase é “a repetição não gera igualdade”, pois tudo muda o tempo todo, sem parar.

• Consta que pertencia à família real de Éfeso e fora chamado a assumir a direção da cidade, ao que renunciou para dedicar-se à filosofia.

• Era opositor de Parmênides, desprezava Homero, Hesíodo, Pitágoras e Xenófanes, e o mesmo desprezo ia para a maioria dos homens, pela sua ignorância.

• O existir é um constante "devir", ou vir-a-ser, cuja manifestação verdadeira se dá no indivíduo, desde aquele momento em que se deu o recorte do elemento inteligente da criação para embrenhar-se, por força da lei da vida, no processo dos reinos da natureza, e progressivamente ir ascendendo através das várias instâncias existenciais até a racionalidade. Sua afirmação guarda alguma semelhança com a antiga ideia de que "a consciência dorme no mineral, desperta no vegetal, se move no animal e pensa no ser humano".

• A doutrina do fluxo eterno foi atribuída a ele pelos filósofos posteriores, como Platão, sobre quem exerceu influência através de Crátilo.

• A alma, ou o princípio vital do homem, é a parte da eterna energia de todas as coisas, e assim sendo, não morre.

• No campo da ética, suas máximas enfatizavam a importância do conhecimento, da moderação e do respeito às leis.

PARMÊNIDES de Eleia

540 a.C. - 450 a.C.

Natural da cidade de Eleia, na Magna Grécia (sul da Itália).

"O MESMO É O SER E O PENSAR."

Seu espírito crítico e cético colocava em dúvida a moralidade das divindades gregas e as limitações do conhecimento humano. Como discípulo de Xenófanes, postulou a possível existência de um Deus único.

• Conta-se que uma vez foi perguntado por um dos seus discípulos:

— Mestre Parmênides; dizem os antigos que tudo veio do nada; qual é a sua opinião?

— Penso que o nada não existe, pois se existisse seria algo.

• Tudo é um. Como não é possível alguma coisa transformar-se em nada, é um contrassenso achar que do nada poderia surgir alguma coisa.

• A realidade deve ser contínua. Tudo deve ser sem-princípio e não criado, bem como eterno e imperecível.

• À luz do conjunto da sua doutrina e do conjunto dos filósofos posteriores, esta é, na verdade, uma das intuições mais profundas da história da evolução do pensamento.

• Avalie esta conclusão:

Se você é o que você pensa, você pensa o que você sabe, portanto quanto mais você sabe, melhor você pensa. E, portanto, melhor você é.

ANAXÁGORAS

500 a.C. - 428 a.C.

Natural da cidade de Clazômenas, na Jônia (Ásia Menor).

"EM CADA COISA HÁ UMA PORÇÃO DE CADA COISA."

Senão, como pode o ar vir do que não é ar? Ou a carne vir do que não é carne?

Anaxágoras considerava a matéria como um complexo de um número infinito de partes elementares e semelhantes, cuja mistura produziria os diversos corpos. "Tudo está em tudo."

Em Atenas fundou a primeira escola de filosofia, onde Péricles, Eurípides, e até Sócrates, seguiram suas lições.

• O movimento que separou e distinguiu as partes infinitas seria procedente de uma inteligência (nous, ou alma), dotada de força motora e de conhecimento. Ele se baseava na biologia, ao contrário dos demais que tinham ideias da física, da química e da matemática. O "nous" seria então o espírito, intelecto, inteligência, ou o princípio que ordena as partes. Anaxágoras aceita que não se pode generalizar nenhuma ideia nova, portanto, tudo existe desde sempre.

• Imaginou também um tipo de força que seria responsável pela ordem e criação de homens, animais e plantas. A esta força deu o nome de inteligência.

• Foi considerado por muitos historiadores como a primeira expressão do monoteísmo.

• Foi acusado de impiedade por negar a divindade do sol (para ele uma pedra incandescente) e da lua (para ele, simplesmente uma pedra).

Afirmava que as coisas se definem melhor pelos seus contrários.

EMPÉDOCLES

490 a.C. - 430 a.C.

Natural de Agrigento, na Sicília.

"NEM TUDO FLUI; O BÁSICO PERMANECE INALTERADO."

Era admirado por Aristóteles por ser o inventor da retórica, e tido por Galeno como fundador da medicina na Itália.

• Fortemente influenciado por Pitágoras. Sua doutrina pode ser vista como uma primeira síntese filosófica. Combina ao mesmo tempo o ser imóvel de Parmênides e o ser em perpétua transformação de Heráclito. Foi ainda precursor de Darwin, pois já dizia que a boa adaptação determina o número dos seres existentes.

• Em sua teoria da estrutura do Universo, considerava que a matéria era formada por quatro elementos: fogo, ar, água e terra, que estavam submetidos a duas forças, o amor *(philia)* para uni-los e o ódio *(neykos)* para separá-los.

• Os quatro elementos sempre presentes em qualquer corpo apareciam combinados parcialmente, podendo então representar as situações naturais que ocorrem na natureza, como rios, vulcões e demais objetos.

• Um aspecto interessante dessa doutrina da matéria era que **nada é criado e nada é destruído, mas tudo se transforma,** dependendo da relação de uns com os outros dos quatro elementos básicos constituintes.

Essa ideia da conservação da matéria só voltou a ser afirmada cerca de 2.200 anos mais tarde, por Lavoisier, com a química moderna.

• Segundo Platão, a filosofia de Empédocles parece um mito, onde os elementos guerreiam entre si e depois se tornam amigos: "Seu próprio desacordo é um acordo eterno." Aristóteles comenta que Empédocles se contradiz nas suas concepções, pois se o todo se separa nos elementos pela inimizade, cada um dos elementos se unifica em um. O separado, o que se imobilizou num lado, é ele mesmo algo unido em si. Aristóteles faz ainda uma consideração profunda que, de maneira alguma, poderia haver união sem separação ou separação sem união.

• Empédocles acreditava que tudo havia surgido a partir da combinação dos elementos, regido pelas forças, e não por uma inteligência ou por uma divindade. No princípio, a harmonia e o repouso; depois o ódio começa a se agitar e tudo se dispersa em todos os sentidos; em seguida o amor age, e forma-se um turbilhão em que os elementos se misturam e produzem os diversos seres naturais. Pouco a pouco o ódio diminui e dá lugar ao amor.

• O prazer é decorrente da adaptação com os semelhantes, e a dor, da mistura com os contrários.

• Empédocles defende também a doutrina de Pitágoras da pré-existência e imortalidade da alma e da contingência da sua existência corpórea: **as almas são condenadas ao ciclo do nascimento e do renascimento por terem perdido a graça divina.** *Compare esta ideia com a perda da graça divina por parte de Adão e Eva defendida pela doutrina cristã e pela ideia da eterna recorrência do pensamento budista* (exposto na página 55, parágrafo segundo do Livro das Religiões de Jostein Gaarder).

• Em outro poema importante, "Purificações", associa a cosmologia e a doutrina da alma a um sistema teológico no qual o amor, princípio da organização, está sempre presente em todo o Universo. Empédocles também defendeu uma doutrina da evolução das espécies. Charles Darwin veio a estudar e defender essa tese 2.390 anos depois, por ocasião da sua famosa viagem de cinco anos como naturalista a bordo do veleiro Beagle. Seu livro revolucionou o conhecimento humano e pôs fim à hegemonia da teoria criacionista.

- Dizia que o todo não está destinado a ser visto nem entendido pelos homens, nem captado pela inteligência.

- Segundo uma lenda, Empédocles atirou-se na cratera do Vulcão Etna, para demonstrar sua divindade.

- "Todo homem acredita na sua própria experiência."

- Podemos encontrar em Empédocles alguns princípios religiosos muito curiosos:

Pluralidade das Vidas:

"Já fui menino, menina, arbusto, passarinho e, do mar saltando, um peixe."

Pluralidade dos Mundos:

Os mortais lhe parecem, portanto, serem deuses decaídos e punidos. A Terra é uma caverna sombria, a pradaria da infelicidade, morada do assassínio, do rancor, das doenças e da podridão. "Eu chorava e me lamentava quando vi esse lugar insólito."

Ingestão de carne:

"Comer carne é uma espécie de autofagia, o assassínio do que nos é próximo." Compare esta frase com a afirmação de uma descrição encontrada na literatura espiritualista. "A Terra é um planeta onde seus habitantes ainda se alimentam dos seus irmãos inferiores."

ZENÃO de Eleia

490 a.C. - 421 a.C.

Natural da cidade de Eleia, na Itália.

"O SER É UNO, ETERNO E INDIVISÍVEL."

Seu principal interesse era a ética. Considerado criador da dialética, entendida como argumentação combativa ou heurística. Defendeu o ser uno, contínuo (eterno) e indivisível, de Parmênides, contra o ser múltiplo, descontínuo e divisível dos pitagóricos.

- Hábil na elaboração de paradoxos, Zenão conta a história de uma competição entre Aquiles e uma tartaruga. Aquiles, o grande corredor de maratona, não alcançará a tartaruga se no começo der alguma vantagem à tartaruga, pois a cada vez que Aquiles chegar ao ponto onde a tartaruga estava quando Aquiles partiu, a tartaruga já terá avançado um pouco mais, e assim sucessivamente, tornando teoricamente impossível para Aquiles alcançá-la. Tentava provar que, com habilidade, pode-se demonstrar qualquer insanidade com as palavras.

- Segundo Zenão, o espaço é divisível ao infinito, e assim, para passar de um ponto a outro, em razão da infinita divisibilidade, é necessário um tempo também infinitamente divisível.

- **"Aquilo que não se pode pensar não existe, porque tudo o que existe é racional, e o que não é racional não existe."**

• Adotava um método de análise das situações pela comparação de extremos absurdos. Para ser completamente livre uma pessoa teria que viver completamente só. Seu extremo absurdo seria a escravidão. Daí se conclui que a interdependência seria um meio-termo razoável.

Avalie esta conclusão:

— O ser do ser humano, portanto, o espírito, é uma unidade de vida, singular e imortal.

PROTÁGORAS de Abdera

480 a.C. - 410 a.C.

Natural da cidade de Abdera, na Trácia.

"O HOMEM É A MEDIDA DE TODAS AS COISAS."

("Antropos métron pánton")

Protágoras foi um dos vários pensadores gregos conhecidos como os Velhos Sofistas; um grupo de professores viajantes especialistas em retórica (arte da oratória) e temas correlatos. Subjetivismo, relativismo e sensualismo são as notas características do seu sistema de ceticismo parcial.

• Tinha opiniões democráticas e era grande amigo de Péricles, líder da democracia ateniense. Protágoras foi escolhido para elaborar a constituição da colônia de Túrios, no golfo de Tarento, local da antiga cidade de Síbaris.

• Protágoras foi o fundador do movimento sofístico. Inaugurou as lições públicas pagas e estabeleceu a avaliação dos seus honorários. Sua intenção com o ensino era formar futuros cidadãos.

• **O homem é a medida de todas as coisas.** Há muitas controvérsias sobre o verdadeiro sentido desta frase. Uma das avaliações é a de que cada pessoa tende a julgar os outros e as situações com base nos seus próprios valores ou história de vida. Um exemplo muito usado para esclarecer esse ponto é o de duas pessoas originárias de regiões distantes uma da outra; ao se reunirem em um local diferente do seu local de origem uma pode declarar "que frio!", e a outra, "que calor!" E ambas podem estar corretas. Mesmo que se alcance medir objetivamente a temperatura com o uso de um termômetro, isso pode não mudar o fato de que cada uma das pessoas precisará de um tempo para se ajustar à temperatura do novo local.

• **"Sobre os deuses, eu não tenho os meios de saber se eles existem ou não, ou de que tipo possam ser. Muitas coisas nos dificultam este conhecimento, incluindo a obscuridade do tema e a brevidade da vida humana."**

É importante que façamos uma reflexão sobre nossa visão de mundo. Vemos o mundo, as pessoas e as coisas como são, ou vemos tudo como um reflexo do que somos?

Avalie esta conclusão:

"Medimos" o outro e seus atos pelo nosso próprio "metro" ou filtro cultural.

GÓRGIAS de Leontinos

480 a.C. - 375 a.C.

Natural da cidade de Leontinos, na Sicília.

"O SER NÃO EXISTE, E SE EXISTISSE NÃO PODERÍAMOS PROVAR."

Representa a maior expressão prática da sofística, que era o exercício da argumentação com o objetivo de demonstrar qualquer verdade, ainda que falsa, mediante o uso da retórica.

• Para Górgias, a alma é essencialmente passiva, completamente entregue ao que recebe de fora. A primeira forma dessa passividade é a percepção sensível, que é a visão, como o meio de transferência para a alma de uma impressão ou de uma imagem das coisas que a alma experimenta. A segunda forma de passividade da alma é a sua abertura à linguagem. Contudo, para que a alma seja sempre receptiva à linguagem, é por vezes necessário recorrer à persuasão.

• O Tratado do Não-Ser organiza-se em três teses: **nada existe; mesmo que o ser existisse, então seria incognoscível; e se fosse cognoscível, então esse conhecimento do ser seria incomunicável a outrem.**

Estaria Górgias se referindo à alma, ou seja, o espírito?

SÓCRATES

470 a.C. - 399 a.C.

Natural da cidade de Atenas, Grécia.

"EU SEI QUE NADA SEI."

A introspecção é o característico da filosofia de Sócrates e exprime-se no famoso lema: "Conhece-te a ti mesmo" — isto é, torne-se consciente do quanto você ainda não sabe. Isto seria o ápice da sabedoria, uma vez que representa o desejo de saber mais para alcançar a virtude.

Sócrates foi o primeiro a formular no Ocidente uma doutrina moral de feição puramente filosófica. Deixou de lado as especulações sobre os números e a essência da matéria e indicou aos homens o caminho da introspecção e da autocrítica, mostrando que **"antes de conhecer perfeitamente as coisas, precisamos conhecer a nós mesmos".**

• Desde jovem, debatia e dialogava com as pessoas da sua cidade, agindo de forma descontraída e descomprometida, o que fascinava a todos. Ao contrário de seus predecessores, não fundou uma escola, preferindo realizar seus trabalhos em locais públicos e ginásios.

• Enquanto os filósofos de sua época, chamados de *naturalistas*, procuravam responder a questões do tipo: "O que é a natureza ou o fundamento último das coisas?", ele procurava responder à questão: "O que é a natureza ou a realidade do homem?".

• Em seu método, ao iniciar uma conversa, sempre adotava a posição de uma pessoa ignorante, que apenas "sabe que nada sabe", para que através dessa afirmativa forçasse as pessoas a usarem a razão.

• Um encontro com Sócrates podia significar o risco de expor-se ao ridículo, mas quando superavam o choque do orgulho ferido, as pessoas acabavam por extrair de si mesmas a resposta lógica e compatível com os problemas expostos, alcançando a solução. O resultado era ter uma verdadeira sensação de iluminação, de descoberta, de ter dado à luz algo de valioso que havia dentro de si mesmo, mas do qual não tinha a mínima consciência.

• Uma vez perguntaram a Sócrates qual era sua profissão.

— Ora! A mesma da minha mãe!

— Mas, Sócrates, sua mãe é uma parteira!

— Então! Eu "partejo" ideias!

• Concluiu que o homem é a sua alma — *psyché*, porquanto é a alma que o distingue de qualquer outra coisa, dando-lhe, em virtude de sua história, uma personalidade única. E por *psyché* entendia nossa sede racional, inteligente e eticamente operante, ou, ainda, a consciência e a personalidade intelectual e moral.

Aqui caberia uma pergunta: Você é um corpo e tem um espírito ou é um espírito e tem um corpo?

• Sua principal tarefa era ensinar o homem a cuidar de si como alma, e acreditava vivamente ter recebido essa tarefa da divindade. Dizia: "Estou persuadido de que não há para vós maior bem na cidade que esta minha obediência à divindade. Na verdade, não é outra coisa o que faço nestas minhas andanças a não ser persuadir a vós, jovens e velhos, de que não deveis cuidar só do corpo, nem exclusivamente das riquezas, e nem de qualquer outra coisa antes e mais fortemente que da alma, de modo que ela se aperfeiçoe sempre, pois não é do acúmulo de riqueza que nasce a virtude, mas do aperfeiçoamento da alma é que nascem as riquezas e tudo o que mais importa ao homem e ao Estado."

• Sua morte foi decretada sob a acusação de impiedade (ateísmo) e de corromper os jovens com sua filosofia; razões que na verdade encobriam ressentimentos profundos que os poderosos da época tinham contra ele.

• Ao ser convidado a fugir pelos seus seguidores que haviam subornado os guardas, respondeu: "Como poderei ir contra tudo o que ensinei?"

• Quando um dos seus discípulos perguntou onde deveriam enterrá-lo, ele respondeu:

— Não aprendeste nada? Não irás enterrar Sócrates, enterrarás meu corpo. Eu irei ter com meus amigos.

Veja mais no diálogo *Fédon*, que relata o último dia de Sócrates.

HIPÓCRATES

460 a.C. - 377 a.C.

Natural da ilha de Cós, Grécia.

"TODAS AS DOENÇAS TÊM UMA CAUSA NATURAL."

Universalmente venerado como o Pai da Medicina, ele é considerado o mais célebre médico da Antiguidade e o iniciador da observação clínica.

Numa sociedade notoriamente dividida em classes, e em que principalmente uma delas — a dos escravos — era completamente desprovida de direitos, Hipócrates fez surgir regras para o exercício da medicina que estabelecem respeito pela vida humana, seja a de homens livres, mulheres, crianças e escravos. Hipócrates se notabilizou sobretudo por defender a causalidade natural das doenças. Escreveu em *A Doença Sagrada:* **"Nenhuma doença é mais humana ou mais divina do que as outras. Todas têm uma causa natural."** Rejeitou assim, pela primeira vez, as concepções sobrenaturais das doenças.

• "O homem é uma parte integral do Cosmos e só a natureza pode preservar e curar os seus males." Para ele, saúde significa o estado perfeito da harmonia das forças, seu completo equilíbrio. O corpo é um todo harmonioso, cujas partes se mantêm numa dependência mútua e cujos atos são solidários uns aos outros. As diferentes partes do corpo obedecem a uma sede primitiva com a qual o médico tem de contar. Afinal, não é o médico quem cura doenças: ele deve ser o seu intérprete, dizia.

• Graças a Hipócrates — ou aos escritos a ele atribuídos — a Medicina é hoje considerada uma Ciência e uma Arte. Seus escritos, reunidos nos 72 livros do *Corpus Hippocraticum* (Coleção Hipocrática), tratam de epidemias, articulações e fraturas.

• Segundo a tradição, Hipócrates deu à medicina o impulso rumo ao diagnóstico, prognóstico e tratamento em bases científicas. Estabeleceu, além disso, um conjunto de normas de conduta que fundamenta até hoje a Ética Médica. O "Juramento de Hipócrates", trabalho que resume sua ética, é pronunciado até hoje pelos formandos de medicina.

• Um dos seus trabalhos discorre sobre a epilepsia, argumentando que essa doença resulta de bloqueios no cérebro. Outro examina o papel das condições ambientais no aparecimento das moléstias no indivíduo e de epidemias na comunidade. A doutrina hipocrática dos humores — ou seja, líquidos como o sangue, a bílis amarela, a bílis negra e a fleuma — elaborada em "A Natureza do Homem" e outros trabalhos, diz que a saúde é o resultado do equilíbrio desses quatro humores, e a doença resulta do desequilíbrio entre eles. Os hipocráticos interpretavam vários sintomas de doença — vômito, tosse, suor excessivo, urina escura e outros — como a tentativa do corpo de se livrar do excesso ou da falta dos humores. O papel do médico era ajudar a natureza por meio de medicamentos, sangrias, mudanças na dieta, massagens e outras medidas. Para fazer isso, ele precisava saber qual era o equilíbrio humoral de cada paciente individual. A doutrina dos humores foi a base de boa parte da prática médica até o século XIX.

Juramento de Hipócrates

"Eu juro por Apolo, médico, Asclépio, Higeia e Panaceia, e tomo por testemunhas todos os deuses, todas as deusas, que cumprirei este juramento com o máximo de minhas forças e de minha inteligência. Estimarei, como a meus pais, aquele que me ensinou esta arte; repartirei com ele os meus bens e o ajudarei em suas necessidades, se preciso for; considerarei seus filhos como meus próprios irmãos e lhes ensinarei a arte se desejarem

aprendê-la, sem retribuição ou promessa escrita; farei participar dos preceitos, das missões e todo restante ensinamento, os meus filhos, os do mestre que me ensinou e os discípulos inscritos e aceitos de acordo com a lei dos médicos e a ninguém mais. Adotarei regimes para o bem dos doentes de acordo com todas as minhas forças e com o melhor de minha inteligência; nunca para prejudicar ou fazer mal a ninguém. Não darei, a quem quer que seja, remédio mortal, ainda que seja por ele pedido, nem darei conselhos que induzam à destruição. Manterei a minha vida e minha arte com pureza e santidade; qualquer que seja a casa em que eu penetre, entrarei nela para beneficiar o doente; evitarei qualquer ato voluntário de maldade ou corrupção, especialmente sedução de mulheres e de homens, livres ou escravizados; quaisquer que sejam as coisas que veja ou ouça, dentro ou fora dela, que não devam ser divulgadas, considerarei como segredo. Referente à vida do homem, em minha assistência aos doentes; penetrando no interior dos lares, meus olhos serão cegos, minha boca calará os segredos que me forem revelados, o que terei como preceito de honra; nunca me servirei de minha profissão para corromper os costumes ou favorecer o crime. Prometo que ao exercer a arte de tratar me mostrarei sempre fiel aos preceitos da honestidade, da caridade e da ciência. Se eu cumprir este juramento, goze eu a minha vida e minha arte com boa reputação entre os homens e para sempre; se dele me afastar ou infringi-lo, suceda-me o contrário."

LEUCIPO ("de Mileto")

450 a.C. - 370 a.C.

Natural da cidade jônica de Mileto (Antiga Grécia), na Ásia Menor.

"TUDO SE COMPÕE DE ÁTOMOS."

Leucipo parece haver pensado o princípio *(arché)* da natureza *(phýsis)* como um número incontável de *átomos* (*a* = não; *tomo* = divisível), as menores unidades indivisíveis, formadoras de todas as coisas. Tais átomos residem no vazio, que lhes permite estar incessantemente em movimento. Esse movimento, por sua vez, é composto de constantes choques, ocasionando um turbilhão que, ao ocorrer, engendra a totalidade dos entes.

Para esse pensador, o movimento dos átomos, propiciador da gênese da realidade, não seria obra do acaso: ao contrário, esse movimento teria seu princípio a partir do *logos* (termo de difícil tradução, mais frequentemente compreendido como "razão" ou "lógica"; ou o todo organizado, sendo assim produto de um plano consciente).

De todos os filósofos pré-socráticos, Leucipo é o de quem menos se tem notícias. O local do seu nascimento não é atestado com precisão: para alguns autores, nasceu em Mileto, para outros em Abdera, ou mesmo em Eleia. A escassez de dados a seu respeito levantou suspeitas, mesmo entre autores da Antiguidade, acerca da sua existência.

- Foi contemporâneo de Anaxágoras, dos sofistas e de Sócrates.

- Provável discípulo de Zenão.

- Parece haver escrito uma obra intitulada "A Grande Ordem do Mundo" (desse escrito restam poucos vestígios conservados sob forma de citação ou comentário — *doxografia,* que se origina da palavra *doxa,* que significa "opinião" (*heterodoxa* = opinião diferente).

- Também afirmava que o "todo" é infinito, com uma parte cheia e outra vazia.

- Considerado por Aristóteles o enunciador da Teoria dos Átomos e do Vazio e fundador da Escola Atomista.

- O mundo surgiu porque os corpos de todos os tipos e formas foram destacados do infinito e se moviam no vazio, aglutinando-se e formando um grande redemoinho onde se chocavam uns com os outros, que com o movimento de rotação lançava para as bordas os corpos menores, e os outros, aglutinados, formavam um núcleo esférico, que no final se inflamava, formando os corpos celestes. **Qualquer semelhança com a teoria do Big Bang, que a ciência atual adota para explicar o surgimento do Universo, não deve ser mera coincidência.**

DEMÓCRITO de Abdera

460 a.C. - 370 a.C.

Natural da cidade de Abdera, na Trácia (entre a Bulgária e a Turquia).

"PREFIRO DESCOBRIR UMA CAUSA DO QUE GANHAR A PÉRSIA."

Como Leucipo, sendo ele também um atomista, tinha como realidade primordial a ideia dos átomos e do vazio, e a realidade do ser e do não ser.

É conhecido por sua teoria atômica, mas foi também um excelente geômetra. Pouco se sabe sobre sua vida, no entanto sabemos que Leucipo foi seu professor e que pertenceu à linha doutrinária de pensadores influenciados por Tales de Mileto.

• Escreveu vários tratados de geometria e de astronomia.

• Acredita-se que escreveu a teoria dos números e encontrou a fórmula que expressa o volume de uma pirâmide, demonstrando ainda que através dessa fórmula se pode calcular o volume de um cone.

• Atribui-se a ele a criação dos seguintes teoremas:

a. O volume de um cone é igual a um terço do volume de um cilindro de igual base e altura.

b. O volume de uma pirâmide é um terço do volume do prisma de igual base e altura.

• O "todo" é infinito, com uma parte cheia e outra vazia. Por essa razão os átomos conseguem se mover.

PLATÃO

427 a.C. - 347 a.C.

Nome verdadeiro: **Aristoclés.**

Natural da cidade de Atenas, Grécia.

"TUDO ESTÁ SE TORNANDO. NADA É."

O caráter íntimo, humano, religioso da filosofia, em Platão, é tornado especialmente vivo, angustioso, pela viva sensibilidade do filósofo em face do universal vir-a-ser, o nascer e perecer de todas as coisas; em face do mal, da desordem que se manifesta em especial no homem, onde o corpo é inimigo do espírito, o sentido se opõe ao intelecto, a paixão contrasta com a razão. Assim, o espírito humano peregrino neste mundo é prisioneiro na caverna do corpo. Deve, pois, transpor este mundo e libertar-se do corpo para realizar o seu fim, isto é, chegar à contemplação do inteligível, para o qual é atraído por um amor nostálgico, pelo Eros platônico.

- Tornou-se aprendiz de Sócrates por volta dos vinte anos, e descobriu nele e sua dialética um prazer que o tornou um amante apaixonado da sabedoria.

- Desiludido com a democracia ateniense pela morte de Sócrates, partiu em peregrinação pelo mundo.

- No Egito, ouviu da classe clerical governante que a Grécia era um país infante, sem tradições nem uma cultura profunda, ficando decepcionado com isso.

• Após doze anos de peregrinação, retornou a Atenas, com quarenta anos.

• Deixou escritos em forma de diálogos, feitos para o leitor comum de sua época.

• Valorizava muito a matemática por nos dar a capacidade de raciocínio abstrato.

• Fundou em Atenas sua academia, onde eram ensinadas matemática, ginástica e filosofia.

• Salientava que a justiça é uma relação entre indivíduos, e depende da organização social; justiça é fazer aquilo que nos compete, de acordo com a nossa função; a justiça seria simples se os homens fossem simples.

• Achava absurdo que homens com mais votos pudessem assumir cargos da mais alta importância, pois nem sempre o mais votado é o melhor preparado.

• Acreditava numa alma imortal, que já existia no mundo das ideias antes de habitar nosso corpo. Assim que passa a habitá-lo, a alma se esquece das ideias perfeitas.

• Preocupava-se na época com a superpopulação e com controle de natalidade, pregando que o homem só deveria se reproduzir entre 30 e 45 anos, e a mulher, entre 20 e 40 anos.

Para Chain Perelman, justiça é dar a cada um o que é seu!

O Mito da Caverna *(Fragmentos)*

Imagine um grupo de pessoas que habitam o interior de uma caverna.

Elas estão sentadas de costas para a entrada da caverna, com as mãos e os pés acorrentados, de modo que só podem ver a parede do fundo da caverna. Atrás delas se ergue um muro alto, e por detrás desse muro passam criaturas semelhantes a seres humanos, sustentando outras figuras que se elevam acima da borda do muro.

Como há uma fogueira atrás dessas figuras, suas sombras bruxuleantes se projetam sobre a parede do fundo da caverna. Assim, a única coisa que os habitantes da caverna podem ver é esse teatro de sombras.

Eles estão sentados nessa posição desde que nasceram, e por isso acham que as sombras são a única coisa que existe.

Imagine agora que um dos habitantes da caverna consiga se libertar dos grilhões. O que você acha que acontece quando ele se volta para as figuras e as vê elevadas para além da borda do muro?

Para começar, a luz é tão intensa que ele fica ofuscado. Se conseguir escalar o muro e passar pela fogueira e chegar ao mundo exterior, ficará ainda mais ofuscado. Pela primeira vez verá cores e formas claras. Verá animais e flores reais, dos quais as sombras na caverna eram apenas reflexos inferiores. Em seguida verá o Sol no céu, e entenderá que é ele que dá vida a essas flores e esses animais, assim como o fogo é que tornava as sombras visíveis.

Ele então retorna para tentar convencer os demais de que as sombras na caverna não passam de reflexos bruxuleantes das coisas "reais". Mas ninguém acredita nele. Apontam para a parede da caverna e dizem que aquilo que veem é a única coisa que existe. Por fim, acabam matando-o.

Platão, ao apresentar os "homens da caverna", limitados à observação de imagens projetadas e satisfeitos com a não alteração da realidade, coloca-nos frente à realidade do quanto a mudança e o diferente podem ser angustiantes e rejeitados tanto pelos indivíduos quanto pelos grupos, podendo chegar ao ponto de destruir, não a realidade, mas sim quem a apresenta, mesmo quando essa possa ser mais "real" e até mais agradável que a conhecida. Devido à universalidade e à atemporalidade dessa verdade, seu escrito nos chega como um mito.

Correlacionando os principais tópicos do mito acima apresentado com a realidade contemporânea, pode-se assinalar a importância da postura 'sentada de costas para a entrada' na forma de aquisição de conhecimento nos dias atuais, quando o homem é preparado desde os seus primeiros contatos com o mundo para vê-lo e assimilá-lo nessa postura receptiva e passiva (sentada na cadeirinha de bebê, na sala de aula, em frente à televisão...). As correntes do mito foram substituídas pelos limites físicos (parede, porta, grade...). E, assim como as sombras são movimentadas, as informações também nos chegam pré-selecionadas como as únicas verdades a serem apresentadas.

A monotonia do espectador só pode ser vencida se o individuo ou grupo se dispuser ao "perigo" de ultrapassar os limites impostos (fogueira, muro) para ir em busca de uma vivência própria que lhes permitirá diferenciar o que foi apresentado da realidade.

O caminho dessa busca torna-se mais difícil à medida que se deixa o conhecimento para enfrentar o que pode, a qualquer momento, apresentar-se fora de controle.

Assim é quando, como alunos, deixamos de ser apenas receptores para buscar, através de pesquisas, novos conhecimentos a serem compartilhados. As várias frentes que surgem, no primeiro momento, dificultam a evolução do trabalho, porém o conhecimento acumulado facilita a compreensão e o avanço em situações futuras.

Outra correlação que merece destaque é o processo de bloqueio da criatividade natural do ser humano que ocorre durante o processo educacional e persiste ao longo das gerações seguintes. Assim, quando uma pessoa ou um grupo questiona a realidade, imediatamente é excluída do convívio (Einstein, Galileu, os pensadores gregos exilados), mesmo que esse questionamento venha a se tornar aceito e tido como verdadeiro tempos depois.

A principal conclusão a que podemos chegar é que a realidade é, mas a verdade será sempre relativa, dependendo do enfoque sob o qual é observada; do conteúdo de quem a observa e das limitações do meio. Uma pergunta comum a esta altura seria: Como diferenciar a verdade verdadeira entre tantas verdades conflitantes?

Neste ponto uma resposta possível seria:

— Verdade verdadeira é aquela que coincide com a realidade.

Porém, mesmo assim é importante lembrar que a vista do ponto do observador pode ser real e diferente da vista do nosso ponto.

Para validar essa ideia, considere a seguinte imagem:

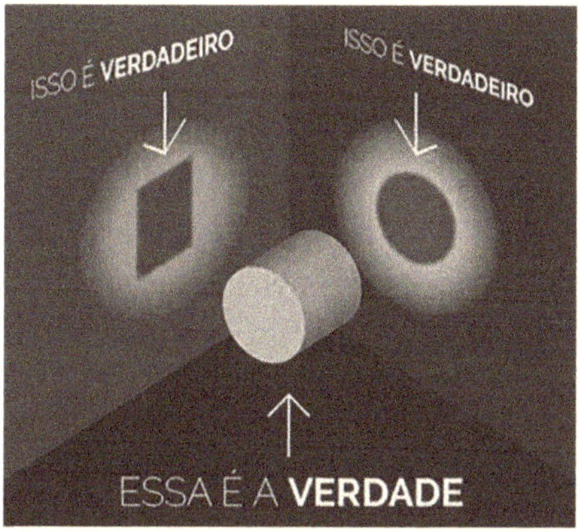

REPRODUÇÃO INTERNET

DIÓGENES de Sínope

400 a.C. - 323 a.C.

Natural de Sínope, próximo ao Mar Negro.

"TENHO COMIGO TUDO O QUE PRECISO."

Devido às suas maneiras e estilo de vida, pois vivia como um cão de rua, ficou conhecido como *kuon* (cão), apelido que deu nome aos filósofos cínicos (*kynikos*, caninos).

Diógenes deve ter aprendido muito com Antístenes, mas não desenvolveu nenhum sistema compreensível de filosofia. Desprezava todos os estudos que não tivessem utilidade prática. Vangloriava-se de não precisar de nada. Conta-se que um dia, ao ver um menino beber água com a mão, jogou fora a concha de madeira que usava para beber água, dizendo "mais uma coisa de que não preciso".

• É possível que tenha defendido a criação de um Estado mundial, ou "Cosmópolis", mas sua pouca estima pelas regras e convenções sugere antes uma forma de anarquismo.

• Viveu de modo que acreditava estar de acordo com a natureza: de hábitos extremamente simples, dormia em lugares públicos e tentava (sem sucesso) comer apenas carne crua.

• De acordo com um relato bem característico, quando vivia abrigado em uma urna funerária, foi visitado por Alexandre, o Grande, e desse encontro chega-nos o seguinte diálogo.

— Sou Alexandre, o grande rei. Peça-me o que quiseres.

— Sou Diógenes, o cão, e te peço que não me tires o que não podes me dar. Afaste-se da frente do meu sol.

Afirma-se que Alexandre teria dito: — Se eu não fosse Alexandre, gostaria de ser Diógenes.

• **Conta-se que Diógenes uma vez saiu com uma lamparina acesa em plena luz do dia. Ao ser questionado sobre a razão do desatino, respondia: — Procuro um homem honesto.**

Há outras histórias incríveis e grosseiras sobre Diógenes, mas não ficariam bem nestas comportadas páginas.

HERÁCLIDES Pôntico

387 a.C. - 312 a.C.

Nome: **Heráclides do Ponto**

Natural de Heracleia, no Ponto, próximo ao Mar Negro.

"A TERRA GIRA EM TORNO DE SI MESMA."

Estudou com Platão em Atenas, e pode ter atuado como chefe da Academia quando o filósofo visitou a Sicília. Mais tarde uniu-se à escola de Aristóteles, talvez por sentir-se desgostoso com o fato de Euspésipo ter sido escolhido como sucessor de Platão. Suas várias obras sobre música, crítica literária, matemática, ética, retórica e física, famosas pela elegância do estilo, foram todas perdidas.

- Duas inovações no campo da astronomia são atribuídas a ele: a ideia de que a terra gira em torno de si mesma, enquanto as estrelas permanecem estacionárias, e a de que pelo menos alguns planetas giram em torno do sol.

- Adotou a teoria do atomismo, mas, ao contrário de Demócrito, explicava os acontecimentos do Universo como consequência de um propósito divino.

ARISTÓTELES

384 a.C. - 322 a.C.

Natural da cidade de Estagira, colônia grega da Trácia.

"SOU AMIGO DE PLATÃO, MAS SOU MAIS AMIGO DA VERDADE."

"Desde que a mais alta virtude é a inteligência, o principal dever do Estado consiste, não em treinar os cidadãos com o objetivo de lhes proporcionar superioridade militar, mas sim em educá-los para o correto uso da paz." Aristóteles, 322 a.C.

Se você já estudou filosofia, sabe da enorme influência de Aristóteles em praticamente todas as áreas do conhecimento humano, seja na filosofia, na ciência ou na religião. Se não estudou, aos poucos você verá que muitos dos termos que usamos hoje foram criados por Aristóteles. Não é à toa que no enorme quadro pintado por Michelangelo representando os grandes filósofos da Antiguidade, as duas figuras centrais representam Platão, que aponta para cima, para o mundo das ideias, ao passo que Aristóteles aponta para baixo, para o mundo dos sentidos.

- Em 343 a.C., Felipe da Macedônia convidou Aristóteles para ser o orientador de Alexandre, um impetuoso jovem de 13 anos. Sua tarefa durou 4 anos, e Alexandre mais tarde veio a ser chamado O Grande.

• Em 334 Aristóteles voltou a Atenas, e, provavelmente ajudado por Alexandre, abriu uma escola de retórica e filosofia em um elegante conjunto de edifícios dedicados a Apolo Liceu (deus dos pastores). Pela manhã ensinava matérias adiantadas a estudantes regulares; à tarde fazia preleções a um auditório mais popular, provavelmente sobre retórica, poesia, ética e política. Formou ali uma grande biblioteca, um zoológico e um museu de história natural. A escola passou a chamar-se Liceu, e a filosofia ensinada denominou-se "peripatética", devido às alamedas cobertas *(peripatoi)* ao longo das quais Aristóteles costumava passear com seus discípulos enquanto dissertava.

• Aristóteles induzia seus discípulos a reunir e organizar conhecimentos em todos os campos: os costumes dos bárbaros, as constituições das cidades gregas, a cronologia dos vencedores dos jogos, os órgãos e os hábitos dos animais, as espécies e a distribuição das plantas e a história da ciência e da filosofia. Essas pesquisas formaram um tesouro de dados aos quais Aristóteles recorria para escrever seus tratados.

• Apesar de apenas 40 de suas obras terem sobrevivido, Diógenes Laércio menciona mais 360, provavelmente breves monografias. As mais importantes podem ser ordenadas sob seis títulos:

1. Lógica:

• Categorias, Interpretação, Analítica a Priori, Analítica a Posteriori, Tópicos, Raciocínio Sofista.

2. Ciência:

• Ciência Natural: Física, Mecânica, Do Céu, Meteorologia.

• Biologia: História dos Animais, Partes dos Animais, Movimentos dos Animais.

• Locomoção dos Animais, Reprodução dos Animais.

3. Metafísica

4. Estética:

- Retórica, Poesia.

5. Ética:

- Ética a Nicômaco, Ética a Eudêmio.

6. Política:

- Política, a Constituição de Atenas.

- Aristóteles tem sido considerado mais como filósofo do que como cientista, mas as evidências destacam também o seu lado científico. Por ser um espírito curioso, mostra-se interessado no processo e na técnica do raciocínio; e tal é a agudeza com que analisa esses pontos, que o *Organon,* ou Instrumento — denominação dada aos seus tratados de Lógica — tornou-se o livro-texto dessa disciplina durante dois mil anos. Seu metódico sistema usava dez categorias sob as quais qualquer coisa devia ser considerada: substância, quantidade, qualidade, relação, lugar, tempo, posição, posse, atividade, passividade.

- Encara os sentidos como a única fonte de todo o conhecimento. Em seu axioma da lógica, afirma: **"É impossível ao mesmo atributo, pertencer e não pertencer ao mesmo tempo a uma coisa, na mesma relação."**

- Em seu tratado de Física, procura definições claras para os termos matéria, movimento, espaço, tempo, continuidade, infinito, mudança, fim. Formulou o primeiro conceito de alavanca ao declarar que "a força atuante moverá mais facilmente o objeto quanto mais distante estiver do seu fulcro, ou seja, do seu ponto de apoio". Afirmava que todos os corpos celestes são esféricos, pois somente uma Terra esférica poderia explicar a sombra que projeta na lua durante um eclipse. Arrisca explicações para as nuvens, neblina, orvalho, geada, chuva, neve, granizo, vento, trovão, raio, arco-íris e meteoros. Suas teorias são quase sempre bizarras, mas suas explicações eram inovadoras por atribuir as causas a caprichos do tempo e à natureza, em vez de causas sobrenaturais.

• A consolidação das descobertas já existentes num corpo de ciência constitui a suprema realização de Aristóteles. Segundo Plínio, Alexandre deu ordem a seus caçadores e pescadores para fornecerem a Aristóteles todo o material e informações que lhes fossem requisitados. "Em todos os objetos naturais esconde-se alguma maravilha, e se alguém desdenha os animais inferiores, desdenhará de si próprio."

• Aristóteles classifica o mundo animal em sanguíneos e sem sangue, o que aproximadamente corresponde aos nossos vertebrados e invertebrados. Subdivide os animais sem sangue em testáceos, crustáceos, moluscos e insetos; os sanguíneos em peixes, anfíbios, pássaros e mamíferos. Suas observações abrangem um campo de notável vastidão e variedade: órgãos digestivos, excretores, sensitivos, locomotores, reprodutores e defensivos; tipos e hábitos dos peixes, pássaros, répteis, macacos e centenas de outros grupos; suas épocas de acasalamento e métodos de reprodução e criação de filhotes; os fenômenos da puberdade, menstruação, concepção, gravidez, aborto, hereditariedade, geminação; os hábitos e migrações dos animais, seus parasitas e moléstias, suas maneiras de dormir e de hibernar. Referências à História dos Animais indicam que Aristóteles preparou um volume de desenhos anatômicos, alguns dos quais estavam nas paredes do Liceu e continham letras para assinalar os pontos referidos no texto. Mostra-se especialmente maravilhado ante a multiplicidade de métodos pelos quais a natureza consegue a perpetuação das espécies, "preservando o tipo, já que não é possível preservar o indivíduo". Nesse terreno sua obra permaneceu inigualada até o século 19. Expõe um princípio de que Herbert Spencer se ufanava: "a fertilidade dos organismos varia na razão inversa da complexidade do seu desenvolvimento". Ou seja, quanto mais simples for o organismo, mais fértil será. Algumas espécies marinhas, como o polvo, colocam entre 50 e 200 mil ovos.

• Sua atitude científica se revela na sua recomendação deste experimento: "Tome 20 ou mais ovos e ponha-os a chocar em duas ou mais galinhas. Em seguida, do segundo dia em diante, retire e quebre diariamente um dos ovos e examine-lhe o embrião. Este se torna visível depois de três dias. O coração surge como uma mancha de sangue, a pulsar e a mover-se como se fosse dotada de vida; dele partem duas veias com sangue, e uma membrana com uma fina rede de veias que envolvem a gema. Quando o ovo completa o décimo dia de incubação, o pintinho e todos os seus órgãos se acham distintamente visíveis."

• O embrião humano, dizia Aristóteles, desenvolve-se do mesmo modo que o das aves. A unha corresponde à garra das aves, a mão corresponde à garra dos caranguejos, a pena corresponde às escamas dos peixes. Por vezes, Aristóteles se aproxima da teoria da evolução.

• De tal modo a natureza passa das coisas inanimadas para a vida animada, ou seja, que contém *ânima* (alma), de onde vem o termo animal, que é impossível determinar a linha exata de demarcação. Há nas plantas uma contínua escala de progressão para o animal. Encontram-se no mar seres que não sabemos determinar se são vegetais ou animais... A esponja, por exemplo: tem todo o aspecto de um vegetal. Certo animal tem raízes e morre quando o arrancamos. *Compare esta afirmação com a frase já mencionada em Heráclito, "a consciência dorme no mineral, desperta no vegetal, se move no animal e pensa no ser humano".*

• Aristóteles considera o macaco um intermediário entre o homem e os outros animais, mas rejeita a conclusão de Empédocles sobre a seleção natural das mutações acidentais. Acredita em um desígnio interno que chama de *enteléquia* (*en* = dentro; *telos* = objetivo; *echo* = tenho).

• Naturalmente, algumas conclusões equivocadas não nos devem surpreender devido à dificuldade dos recursos da época, e outras são fontes de riso: o cérebro serve para resfriar o sangue; o coração é a sede da sensação; os ratos morrem quando bebem água no verão.

• Define a alma *(psyché)*, ou princípio vital, como a enteléquia de um organismo. **A alma é para o corpo o que a visão é para o olho.** A alma forma o corpo. A planta tem uma alma nutritiva. O animal tem uma alma nutritiva sensitiva. O homem tem uma alma nutritiva sensitiva racional. Só o homem tem uma alma ativa racional com capacidade de generalizar e originar. Esta última faz parte da emanação, ou força criadora e racional do Universo, a qual atualmente chamamos Deus; e assim sendo, não pode morrer. Assim como a alma é a forma do corpo, a força criadora e racional do universo é a forma ou enteléquia do mundo.

• Todo efeito é produzido por quatro causas: o material, o agente, a natureza, e a finalidade.

• **"A força criadora não impulsiona o meio material por trás, mas de dentro, como um objetivo ou rumo interno, como o objeto amado move o amante."** Esta colocação de Aristóteles nos remete à ideia de Deus imanente, ou seja, que está em cada uma das suas obras, mas não se confunde com elas. Essa ideia se opõe à ideia de Deus transcendente, ou seja, que está fora da obra e distante do alcance do ser.

• A beleza é a unidade, a cooperação, a simetria das partes num todo. A virtude não é um ato, mas um hábito de fazer aquilo que deve ser feito.

• **A ética é a ciência da felicidade individual e a política é a ciência da felicidade coletiva.** A função do Estado é organizar uma sociedade que proporcione a máxima felicidade ao maior número de indivíduos.

Os conteúdos alcançados por Aristóteles são muito ricos para caberem neste breve resumo, e o título "mestre dos que sabem", conferido pelo poeta Dante, deve servir de estímulo a uma leitura mais profunda das suas inúmeras contribuições para a expansão do entendimento do ser e do mundo. Sua obra continuará sendo fonte de inspiração para os que trabalham no esforço de reunir os dispersos conhecimentos do homem e alcançar o entendimento do que ainda falta ser descoberto e compreendido.

EPICURO

341 a.C. - 270 a.C.

Natural da cidade de Samos.

"O NOSSO MUNDO NÃO É O ÚNICO."

Sua mãe praticava a magia. Cedo se dedicou à filosofia, sendo iniciado por Nausífanes de Teo no sistema de Demócrito. Em 306 abriu a sua famosa escola em Atenas, nos jardins da sua vila, que se tornaram centro das reuniões aristocráticas dos seus admiradores, discípulos e amigos. Epicuro expôs a sua doutrina num grande número de escritos, na maior parte perdidos. Nasceu na ilha de Samos, durante a agressão macedônica à liberdade da Grécia. O pai, professor ateniense, implantou-lhe no coração o ódio à tirania. Sua mãe exercia a medicina charlatanesca da alma, vendedora astuta de orações, as quais oferecia para curar moléstias por meio de encantamentos. Quando criança, era obrigado a acom panhar a mãe de casa em casa ajudando-a a impingir as suas piedosas fraudes. Dessa maneira, adquiriu um sadio desprezo pela superstição.

• Epicuro, o aprendiz, demonstrou interesse precoce pelo estudo da filosofia. Um dia, quando tinha cerca de doze anos de idade, o seu professor tentou explicar-lhe a criação do Mundo.

— Tudo provém do Caos, dizia o mestre.

— Sim, replicou Epicuro, mas de onde veio o Caos?

— Não sei, ninguém sabe, respondeu o mestre.

Desse momento em diante, Epicuro consagraria a sua vida à indagação da origem do Caos.

• Epicuro, o mestre, encontrou alguns princípios físicos e metafísicos que lhe permitiram construir para si um oásis de paz em meio ao turbilhão da existência. Enriquecido com suas descobertas, regressou a Atenas, comprou nos subúrbios uma casa com jardim e instalou uma academia ao ar livre, para o ensino da filosofia. Coeducativa, a academia estava aberta a todas as classes, inclusive à dos escravos e prostitutas. Porque, como explicava Epicuro, não há distinção de classes no reino do saber.

• *Sobriedade na alimentação.* A comida suculenta estava interdita na academia, "pois que de tal comida não resulta em prazer, mas em sofrimento — o sofrimento da indigestão". Pão de cevada e água, com meio quartilho de vinho de quando em quando, constituíam a sua ração quotidiana. O queijo era um luxo reservado apenas a dias excepcionais. Pão, água e o vinho da filosofia — nisso consistia, para Epicuro, a substância da vida feliz. Epicuro desenvolveu sua filosofia em algumas centenas de livros que infelizmente se perderam.

• *Deuses.* Para ele, os deuses não tiveram interferência alguma na nossa criação e são completamente indiferentes ao nosso destino. Nenhum deus racional ordenaria que se construísse um templo em sua honra para o destruir, depois, com os seus próprios raios. Nenhuma providência misericordiosa faria com que uma criança resistisse a uma doença grave, para depois a mandar ao encontro de uma morte pior no campo de batalha. Mas se os deuses não se preocupam com os homens, por que os homens hão de preocupar-se com os deuses? Porque — responde Epicuro — se os homens procurarem se tornar mais divinos, lograrão tornar-se mais humanos. Adorando os deuses, tornamo-nos mais semelhantes a eles, mais requintados, mais indiferentes aos golpes do destino e às dificuldades da vida.

• *Vida.* Busquemos uma vida de prazer — um máximo de prazer e um mínimo de sofrimento. O propósito do viver, de acordo com Epicuro, é gozar a vida. Mas para que possamos gozá-la devemos compreendê-la. Precisamos nos familiarizar com o Mundo que habitamos e com a natureza dos seus habitantes. Por outras palavras, precisamos descobrir quem somos e por que somos o que somos. Na procura de uma vida agradável, Epicuro adotou, a princípio, a ideia dos hedonistas, os "filósofos do ventre", assim chamados porque não se preocupavam tanto com a calma felicidade do espírito, mas com os impetuosos prazeres do corpo. Como os hedonistas, aconselhou aos discípulos que gozassem todos os saborosos momentos da existência. Depois, no entanto, à medida que os apetites do corpo perdiam a veemência e crescia a agudeza de seu espírito, compreendeu que o prazer de um momento pode, às vezes, acarretar o sofrimento de uma vida inteira. E então concebeu uma teoria, mais negativa que positiva, do prazer. O maior prazer, disse, é a completa ausência da dor.

• *Teoria atômica de Epicuro (precursora da atual interpretação mecanicista do Universo).* O Universo não é obra de deuses, mas o resultado fortuito do movimento dos átomos através do espaço infinito. Para a construção do seu sistema atômico, Epicuro apropriou-se em parte da filosofia de Demócrito. Nela Epicuro encontra uma resposta à sua velha pergunta sobre o Caos: a hipótese de uma infinidade atômica de material construtivo — tijolos infinitesimais — dos quais se compõe o todo, pois ela fazia mais do que lhe explicar a origem do Caos; ela o removia totalmente. Afinal, não pode existir nada semelhante ao Caos, ou ao nada, asseverava Epicuro. E apresentava três razões para tal asserção:

> 1. O Mundo não poderia ter vindo do Caos, porque nada pode ser criado do nada.
>
> 2. O Mundo não pode dissolver-se no Caos, porque coisa alguma pode aniquilar-se.
>
> 3. Logo, a soma total de matéria — a coleção de tijolos de que são construídas as coisas existentes — permanece sempre a mesma. Ela não pode ser acrescentada com coisa alguma que proceda do nada, e não pode ser diminuída pela transformação de alguma coisa em nada.

• *Teoria atômica da multiplicidade de mundos habitados.* O nosso mundo — afirma Epicuro — não é o único que existe. Outros há, igualmente vastos e igualmente maravilhosos, com as suas terras, montanhas e oceanos, raças de homens e gerações de animais ferozes.

• *Teoria da evolução.* Epicuro expôs a teoria da evolução dois mil e duzentos anos antes de Darwin. O nosso mundo, sustenta, foi por si mesmo gerado como resultado do movimento em turbilhão acidental e da colisão de uma infinidade de átomos. Mas, ao unirem-se, como se podem ter combinado as partículas, sem direção de matéria, na feitura de árvores e flores, de pássaros, de feras e de homens? Por que processo lograram os átomos produzir um poeta como Homero, um cientista como Demócrito, um filósofo como Epicuro? Pelo processo das tentativas e dos erros — responde Epicuro; pelo desenvolvimento gradual da matéria, de formas grosseiras para outras mais suaves; pela eliminação dos incapazes e a sobrevivência dos mais aptos. Em suma, pelo processo da evolução.

• *Sobre a morte.* A morte é o fim da nossa existência. A alma, como o corpo, é mortal. Nascida ao mesmo tempo que o corpo, também deixa de existir quando este morre. É curioso notar que esta crença sobrevive até nossos dias e já conheci pessoas que acreditam na ideia da morte da alma, ou seja, do espírito.

• *A amizade.* Havia, contudo, um aspecto positivo na negativa filosofia epicurista do prazer. E esse aspecto era a veemência com que Epicuro insistia na amizade. Embora vivesse de pão e água, procurava sempre repartir o seu pão com um amigo. "É mais importante saber com quem vamos comer", dizia, "do que o que vamos comer." "Cultivai o gênio da amizade. Fazei dela uma religião. Prestai-lhe culto. Porque a amizade é doce, bela e sagrada. Se os sofrimentos da vida podem reconciliar-nos com a morte, a santidade da amizade pode reconciliar-nos com a vida." A simpatia de amigos reconciliou Epicuro com os próprios sofrimentos. A pobreza, as privações e a doença tornaram-lhe realmente a vida uma coisa de valor duvidoso. Não obstante, encontramo-lo no leito de morte a escrever uma carta a um seu amigo, na qual lhe dizia: "E agora, ao passar este derradeiro e abençoado dia da minha vida, escrevo-lhe. A estrangúria[1] tomou conta de mim e inflige-me tormentos terríveis além dos quais não pode ser suportado o sofrimento. Contra tudo isso, for-

1 Estrangúria é a eliminação lenta e dolorosa de urina em consequência de espasmo uretral ou vesical.

jo a minha alegria com a lembrança dos pensamentos e palavras que, juntos, trocamos no passado." Tal foi o último testamento desse mestre sábio e tranquilo, cujo nome está hoje associado a um credo tão absurdo como indelicado. Jamais um filósofo foi tão reverenciado. Nenhum foi tão pouco compreendido.

• *Ética.* Uma das pérolas da ética atribuída a EPICURO está na seguinte frase:

"Faça tudo como se alguém te contemplasse."

ZENO de Citium

335 a.C. - 263 a.C.

Natural da ilha de Chipre.

"NÃO PODE HAVER NENHUMA AUTORIDADE SUPERIOR À DA RAZÃO."

É considerado o fundador do estoicismo. Esta palavra se origina do termo "*stoa*", descrito por alguns autores como pórtico sob o qual alguns pensadores se reuniam para debater filosofia. "Uma vez que a morte e a adversidade estão fora do nosso controle e acontecem a todo mundo, devemos enfrentá-las com nobre resignação."

• O Universo, na visão de Zeno, é Deus: uma entidade divina racional, onde todas as partes pertencem ao todo. Nesse sistema panteísta, ele incorpora a física de Heráclito. O Universo contém fogo-artesão divino, que controla todas as coisas e que, estando imerso em todo o Universo, deve produzir todas as coisas.

Nós mesmos somos parte da natureza. Como não existe nenhum reino superior, quando morremos não há outro lugar para ir. Dissolvemo-nos de volta na natureza.

• Esse fogo divino, ou éter, é a base de toda a atividade no Universo, operando em matéria anteriormente passiva, ela própria nem aumentando nem diminuindo. A substância primária no Universo vem do fogo, passa pelo estado de ar, e depois se torna água: a parte mais concentrada torna-se terra e a menos concentrada torna-se ar novamente, rarefazendo-se de novo em fogo. As almas individuais fazem parte do mesmo fogo, como a alma-mundo do Universo. Seguindo Heráclito, Zenão adotou a visão de que o Universo passou por ciclos regulares de formação e destruição.

• A natureza do Universo é tal que realiza o que é certo e previne o que é oposto, e é identificado como destino incondicional, ao mesmo tempo permitindo o livre-arbítrio que lhe é atribuído.

• Escreveu uma "república" muito admirada, na qual defendia o império da lei e a validade universal das instituições políticas. Nesse seu livro, também conhecido como "Politeia", ele defendia a criação de um estado mundial onde não haveria dinheiro, tribunais, templos ou estádios e as mulheres seriam de todos.

• Zeno, como os cínicos, reconhecia um bem único e simples que seria o único objetivo a ser atingido. "A felicidade é uma boa trajetória de vida", disse Zeno, e isso apenas pode ser atingido através do uso da razão correta coincidente com a razão universal *(logos)*, que tudo governa. "Um mau sentimento *(pathos)* é um distúrbio da mente que vai contra a razão e a natureza." A essência a partir da qual as ações moralmente boas emergem é a virtude. O verdadeiro bem pode apenas consistir em virtude.

COMPLEXIDADE E TRANSDISCIPLINARIDADE

Quanto mais estudamos a realidade, mais nos damos conta da sua complexidade, ou seja, do entrelaçamento que existe entre as múltiplas causas e seus múltiplos efeitos. Desde a estrutura dos átomos até as relações que envolvem emoções e decisões, demonstram que tudo faz parte de uma intrincada teia de conexões.

Cada teia e cada evento parecem estar, de alguma forma, ligados por uma cadeia causal de muitos níveis e que se estende em todas as direções no espaço e unidirecionalmente no tempo. Observando a natureza dos seres e das coisas, podemos notar que tudo afeta tudo; algumas vezes de maneira imediata e até dramática, e outras maneira lenta e sutil.

Essa cadeia causal afeta pessoas e coisas de inúmeras formas, sendo que muitas vezes não são facilmente detectáveis mesmo pelo olhar mais cuidadoso.

A observação pode ampliar o entendimento, mas também pode levar a conclusões imprecisas, como pudemos constatar em algumas das afirmações dos primeiros estudiosos da Antiguidade, cujas conclusões foram mais tarde desmentidas pela experimentação cuidadosa.

As antigas observações do céu feitas a olho nu foram sendo aprimoradas pela observação apoiada em telescópios; técnicas de medição; recursos eletrônicos; conhecimento de radiações; conhecimento da luz; uso de métodos matemáticos; anotações sistemáticas e vários outros recursos da ciência moderna.

A ampliação da consciência nos permite concluir que para avançarmos no entendimento da complexidade da vida, dos seres e das coisas é necessário fazer uso do pensamento transdisciplinar. Ou seja, temos que combinar o conhecimento das várias áreas do conhecimento de maneira eslética[1] para tornar possível o preenchimento do vazio que há no conhecimento do que está entre as disciplinas, que perpassa as disciplinas e que vai além das disciplinas conhecidas.

A combinação dos conceitos e princípios de filosofia, ciência e religião contribui para o processo de trabalhar o conhecimento de forma transdisciplinar, estimulando nossa habilidade de questionar o conhecimento histórico, de fazer verificação lógica das afirmações e a aplicação ética das conclusões.

COMPLEXIDADE E TRANSDISCIPLINARIDADE

O QUE É FILOSOFIA?

"A primeira lição de filosofia é que todos podemos estar equivocados."

Will Durant

"Não se aprende filosofia, o que aprendemos é filosofar."

Immanuel Kant

"Filosofar é questionar as certezas."

Viviane Mosé

"A certeza é a maior inimiga da verdade."

Friedrich Nietszche

"A certeza equivocada é mais perigosa do que a dúvida."

Paulo Henrique Wedderhoff

"A Filosofia se afigura como uma interminável curiosidade contaminada por uma desconfiança sistemática incurável."

Desconhecido

"A Filosofia é um instrumento que nos permite abrir ideias fechadas."

Eliane W. Wedderhoff

"A Filosofia é um processo racional que busca o conhecimento dos fundamentos e princípios do ser, da vida, do mundo e do universo."

Md. Dr. Mario Eduardo Branco

"Filosofia é o pensamento debruçado sobre si mesmo."

Herculano Pires

O QUE É CIÊNCIA?

Ciência é o conhecimento verificável.

Busca da sustentação do raciocínio lógico através da verificação, comprovação e experimentação.

Estudo metódico que testa hipóteses para tirar conclusões e fazer previsões.

O procedimento científico não utiliza o verbo crer; a ciência se contenta em propor modelos explicativos provisórios da realidade e está pronta para modificá-los, desde que uma nova informação traga uma contradição. (Albert Jacquard, no livro *Filosofia para não Filósofos*, p. 147).

"Novas verdades se tornam evidentes quando novos instrumentos se tornam disponíveis."

Rosalyn Yalow, Prêmio Nobel de Medicina. Frase no hall de entrada do Museu de História Natural de Chicago.

Na ciência tudo é objeto de estudo, observação, verificação e experimentação; tudo está subordinado ao *como, por que* e *para quê.*

A marca distintiva de uma teoria científica deveria ser, não o fato de ter sido comprovada, pois isso é impossível, mas o fato de ter resistido a rigorosas tentativas de refutação.

(Nicolas Fearn, no livro *Aprendendo a Filosofar*, p. 146).

O QUE É RELIGIÃO?

Que resposta você acha que receberíamos de algum reconhecido filósofo, se lhe fizéssemos a pergunta abaixo?

— O senhor poderia me explicar qual é a origem e o destino do ser do ser humano, portanto, do espírito, e o sentido da vida, da dor e da morte?

Penso que um verdadeiro filósofo provavelmente diria:

— Lamento, mas ainda não sei. Busco essas respostas há muitos anos. Se você descobri-las, por favor me conte.

E se repetíssemos a mesma pergunta para um reconhecido cientista? O que ele nos responderia?

Possivelmente diria o seguinte:

— A ciência ainda não sabe. São questões altamente complexas. Teremos que ter paciência e aguardar.

Suponha que por fim decidimos repetir a mesma pergunta para algum importante líder religioso. O que você acha que ouviríamos como resposta?

Pois é bem possível que ouviríamos uma resposta semelhante à seguinte:

— Você tem um tempo?

— Sim! — certamente diríamos.

— Então sente aí que eu te conto!

Conclusão: todo líder religioso sabe as respostas que aprendeu na sua igreja.

Agora suponha que, depois de ouvir o primeiro líder religioso, insatisfeitos com as respostas, busquemos um líder de uma religião para ver se as respostas coincidem, e esse segundo líder nos dê respostas bem diferentes das respostas do primeiro.

— O que teremos então?

— Dois conjuntos de verdades, só que opostas! Ou seja, cada um dirá o que acredita ser a verdade, porém, um poderá dizer que a vida é uma só e que só se nasce e morre uma vez. O outro poderá dizer que a vida espiritual é realmente uma só, pois somos espíritos imortais, porém para evoluir é necessário passar por muitas experiências encarnatórias.

Tal dilema poderá nos ajudar a concluir que a Religião, como segmento da herança social humana chamada cultura, é o conjunto de respostas que um determinado grupo cultural desenvolve para responder à questão que simbolicamente apresentamos ao filósofo, ao cientista e ao líder religioso imaginário, e naturalmente a realidade que aguarda cada um de nós poderá desempatar tais verdades opostas.

As religiões diferem em alguns princípios e preceitos, mas todas as religiões que merecem a denominação defendem o princípio ético fazer ao outro o que gostaríamos que fizessem a nós.

CONCEITOS DE RELIGIÃO, IGREJA, TEMPLO E RELIGIOSIDADE

Antes de sairmos do tema *religião,* cabe relembrar que a ética é a religião das religiões, pois todas as religiões que merecem tal título ensinam o princípio moral de fazer ao outro aquilo que gostaria que o outro lhe fizesse.

Já que conceituamos religião como o conjunto de respostas que cada cultura desenvolve para explicar a origem e o destino da alma ou do espírito e o sentido da vida, da dor e da morte, vamos ver alguns breves conceitos sobre igreja, templo e religiosidade.

Templo é um espaço estruturado dentro do qual as pessoas se reúnem para estimular ou expressar sua religiosidade. A escola formal, por exemplo, pode ser conceituada como o templo do saber.

"Igreja", na concepção cristã, é um conjunto de crenças e "crentes".

Igreja, apesar de ser confundida com prédio, ou seja, com templo, é na verdade uma estrutura organizada por pessoas para se manter e expandir. Como a Igreja, independentemente da denominação religiosa, sempre tem uma estrutura de responsabilidade e autoridade, ela é também uma estrutura de poder que busca se perpetuar pela defesa de princípios, valores e crenças ou dogmas. Cabe lembrar que dogma é um princípio religioso estabelecido por uma autoridade ou grupo de autoridades religiosas como sendo uma verdade incontroversa.

Ocorre que a palavra "dogma" significa a crença que se sustenta em uma certeza ainda não verificável.

Religiosidade é comportamento moral, portanto de respeito e proteção à vida, que em alguns casos se manifesta desde a mais tenra idade.

Uma criança que olha os pequenos animais como seres dignos de respeito e admiração, sem que isso lhe tenha sido ensinado, é um ser que expressa uma religiosidade inata, portanto originada na formação da alma, ou em vidas anteriores, para aqueles que aceitam esta possibilidade.

Se tal qualidade fosse originária na formação da alma, caberia a pergunta: Será que Deus coloca esses valores em algumas almas e não em outras? Ou isso é efeito da evolução de cada alma ao longo de sua trajetória multiencarnatória?

CAPACITAÇÃO PARA A VIDA EM SOCIEDADE

É comum ouvirmos ou lermos que "educação se traz do berço", ou "educação se traz do lar".

Essa expressão, apesar de não estar errada, pode comprometer a evolução da atitude filosófica, científica e ética em nossas crianças e jovens.

Segundo a crença da esmagadora maioria das religiões espiritualistas de origem judaico-cristã, quem morre passa a ser denominado como alma ou espírito, e seu corpo passa a ser chamado de cadáver.

De maneira semelhante, quem nasce é fruto da união de uma alma, ou espírito, e um corpo, que após o nascimento passa a se denominar pessoa.

Essa pessoa que acaba de nascer só pode se enquadrar em duas categorias: ou é uma alma virgem chegando à vida material pela primeira vez, ou é uma alma antiga que retorna à vida material.

Se for uma alma recém-criada pela inteligência suprema, que os povos denominam Deus, essa nova alma nada sabe, pois não tem passado.

Se for uma alma ou espírito antigo, é evidente que volta submetida ao esquecimento de encarnações anteriores. Tal esquecimento permite o aprendizado de novos princípios, valores e crenças. Sem isso, como seria possível aprender o novo e gradualmente livrar-se de comportamentos impróprios adotados no passado? Evoluir é mudar. É importante lembrar que cada espírito que reencarna expressa, com o tempo, aquilo que se tornou, por isso não precisa lembrar-se dos seus erros e viver constrangido.

Independentemente de qual dessas verdades corresponda à realidade, o fato é que a criança é como se fosse uma folha de papel em branco onde a família, a escola e a sociedade podem inscrever princípios, valores e crenças que contribuirão para a formação ou reforma do caráter daquele ser.

Assim, baseado no princípio de que uma fonte só pode oferecer o que tiver por dentro, uma família só pode oferecer a educação que seus pais tiveram e adotaram. Se a educação de alguns for insuficiente, cabe à escola complementar o ensino que não veio do berço ou do lar.

Ignorar ou eximir-se dessa missão equivale a omitir-se de uma parte fundamental da formação do ser que é colocado sob a responsabilidade dos professores e professoras. Todas as crianças e todos os jovens precisam compreender que a vida em sociedade precisa de regras e limites.

Muitas das atitudes antiéticas que observamos na sociedade podem ser atribuídas, pelo menos em parte, às falhas no processo de ensino, aqui entendido como a combinação do empenho do professor que se esforça para ensinar e do aluno que se esforça para aprender.

Se ambos não tiverem motivos para essa ação, ou seja, se não tiverem motivação, a qualidade da capacitação para a vida ficará comprometida e as consequências potencialmente negativas se tornarão inevitáveis.

O ensino de qualidade deveria ensinar a pensar, não o que pensar, e para tanto deveria se pautar em torno de três grandes eixos do conhecimento: a história da filosofia, a história da ciência e a história das religiões. Afinal, quem não conhece a história perde a oportunidade de aprender com as descobertas humanas e está sujeito a repetir os erros que a história registra.

A ciência evoluiu muito ao longo dos últimos milênios, principalmente desde Tales de Mileto, Arquimedes, Pitágoras e Aristóteles. Suas inúmeras disciplinas são hoje ensinadas nas escolas do mundo inteiro. O ensino da filosofia, contudo, infelizmente tem estado ausente em muitas escolas.

Quem poderia estimar os benefícios que poderíamos estar colhendo se desde o ensino fundamental todas as crianças e todos os jovens tivessem tido acesso ao estudo da filosofia?

A religião na maioria dos casos congelou-se em conceitos já superados pelas evidências e perdeu força como referencial ético. O resultado é visível e lamentável. Caos social, político, ecológico, econômico e moral.

Um novo saber social apoiado no eixo da filosofia, da ciência e da religião se faz necessário para que possamos construir o equilíbrio nas relações entre os membros desta grande sociedade chamada humanidade. Sua base deveria incluir o ensino de qualidade para todos os membros da sociedade, independentemente da renda de cada família e o respeito ao mérito a partir do interesse, da dedicação e dos talentos de cada indivíduo.

A UNIDADE DO CONHECIMENTO

A filosofia, filha da curiosidade, nos estimula a levantar questões. A ciência, filha da necessidade, nos estimula a testar as respostas encontradas, e a religião, filha das crenças, nos estimula a buscar respostas sobre nossa origem, nosso destino e sobre o sentido de estar aqui.

COMPARANDO FILOSOFIA, CIÊNCIA, RELIGIÃO E MITO

Para que serve a filosofia?

Serve como instrumento de construção do entendimento novo. É útil para questionar o conhecimento estabelecido; para construir conceitos novos. Para ampliar a consciência do homem sobre si mesmo, sobre os outros, sobre as coisas, sobre o mundo, sobre o Universo. Serve para nortear a ação e servir de referência.

Qual a diferença entre filosofia e mito?

O mito é útil em um determinado estágio da evolução, mas não é lógico, não é coerente, não é consistente e não se adapta às mudanças.

O mito não tem compromisso com o racional e procura atender ao imediato sem se importar com as contradições. A filosofia é sustentada pelo raciocínio lógico, sistemático e reflexivo. Busca as causas, levanta questões e respostas que não são absolutas e definitivas, pois constituem um processo contínuo.

Qual a diferença entre filosofia e religião?

Algumas religiões são baseadas em dogmas que não possibilitam pensamento crítico, avaliação e mudança de entendimento. A filosofia questiona os dogmas, buscando coerência, consistência. A filosofia é aberta e está em permanente construção. Filosofia não é posse da sabedoria; é sempre busca.

Qual a diferença entre filosofia e ciência?

Na ciência tudo é objeto de estudo, de observação, de experimentação.

Tudo está subordinado a como, por que e para quê. A filosofia investiga os fundamentos do conhecimento sem a preocupação de uma resposta única e pronta. Ambas trabalham o processo racional e lógico.

UM INESQUECÍVEL EXERCÍCIO DE FILOSOFIA

Em 1994, eu e minha esposa participamos de uma das nossas primeiras reuniões de um grupo de estudos de filosofia, ciência e religião.

Eram 20:30h e éramos em torno de vinte pessoas em uma sala bem iluminada, com um enorme quadro escolar com giz e apagador. O impacto dessa reunião me motivou a documentar o ocorrido para que aquele valioso exercício de filosofia não se perdesse.

Estávamos organizados em um semicírculo que tomava toda a sala. As cadeiras tinham um apoio de caderno para facilitar a escrita. Parecia uma sala de aula.

O coordenador fez uma breve prece de improviso. Sua fala não tinha nenhum pedido. Sua tônica era o agradecimento pela vida, pela saúde e pela oportunidade do aprendizado, pela alegria de poder estar ali. Em seguida ele nos apresentou o palestrante do dia.

— Hoje temos a presença do médico Geraldo Graça, que irá conduzir a atividade desta quinta-feira.

Dava para notar a expectativa nos olhares ansiosos dos presentes. Qual seria o tema do dia?

O palestrante cumprimentou o grupo e num tom casual fez imediatamente uma pergunta que mudaria para sempre a minha visão de mundo. Disse ele:

— Gostaria de iniciar nosso diálogo com a seguinte pergunta: Se você despertasse em um quarto de hotel e descobrisse que estava acometido de amnésia, que perguntas te ocorreriam?

O silêncio foi longo. As pessoas se olharam como quem busca no outro a resposta que não tem.

Um senhor arriscou:

— Mas se eu estou com amnésia, não sei de nada.

Sereno, o palestrante, como quem já esperasse tal colocação, explicou:

— Vamos assumir que você só perdeu a memória, mas sua inteligência continua intacta.

Alguns murmuraram algumas frases que não consegui captar e a dificuldade continuou.

O que é que eu me perguntaria se acordasse num hotel e estivesse acometido de amnésia? Sei lá!

— Quem sou?! — bradou uma jovem no fundo da sala.

— Muito bem! — disse o palestrante. — Este é um bom começo!

E foi logo anotando no lado esquerdo do quadro a preciosa pergunta certa.

— Agora vocês poderiam pensar em mais algumas perguntas, digamos, mais umas quatro, pelo menos.

Ufa! Pensei. Ainda não consegui uma e ele ainda quer mais quatro? Não demorou muito e um jovem próximo ao quadro disse:

— Onde estou?!

— Excelente! 'Onde estou?' e 'Quem sou?'. Estamos indo bem — disse o palestrante, e escreveu 'Onde estou?' logo acima da pergunta 'Quem sou?'. Fez isso como se quisesse indicar uma certa lógica ou ordem.

Várias outras perguntas do tipo 'como é meu nome?', 'onde moro?', 'quantos anos eu tenho?', etc., foram sendo feitas e cuidadosamente anotadas no lado direito do quadro.

— Onde é que eu moro? — arrisquei.

— Boa pergunta — disse o palestrante — mas será que não ficaria melhor se você perguntasse de onde é que eu vim?

Não entendi bem qual a diferença, mas fui logo concordando. E lá foi a terceira pergunta para a lista principal.

— Onde estou?

— Quem sou?

— De onde vim?

Em seguida surgiu a quarta:

— Para onde é que eu irei? — disse uma moça do outro lado da sala.

— Muito bem — disse o palestrante. — Afinal, se eu sair do hotel, tenho que saber para onde vou, e pela lógica devo voltar para o local de onde eu vim. Não parece razoável?

Uma série de sinais e sons deu a entender que a concordância era geral.

— Mas e agora o que nos falta para fechar o quebra-cabeça? — perguntou o palestrante.

Tínhamos quatro perguntas na esquerda. Novamente o silêncio se impôs e o palestrante tentou nos ajudar.

— Vamos refletir. Não lembro de nada. Me olho no espelho e é como se eu me visse pela primeira vez. As perguntas surgem: Quem sou? Onde estou? De onde vim e para onde irei? Que pergunta nos falta para nos ajudar a definir o que fazer?

— Por que estou aqui? — disse uma senhora.

— Que estou fazendo aqui? — ajuntou um senhor quase ao mesmo tempo.

— O que vocês acham de eu colocar ‘Para quê estou aqui?’ em lugar de ‘Por que estou aqui?’ ?

— Qual a diferença? — perguntei.

— O 'para quê' nos remete ao futuro; ao passo que por que nos remete para o passado. Como nosso entendimento é o de trabalhar a construção de futuro e não a análise do passado, fica mais coerente, vocês não acham?

Diante da força do argumento, concordamos, apesar da nossa cultura fundamentada em pagar pelos pecados.

O palestrante registrou mais essa pergunta às demais na esquerda do quadro. A sala toda dava sinais de alegria de ter conseguido as cinco perguntas.

“Onde estou?”

“Quem sou?”

“De onde vim?”

“Para onde irei?”

“Para que estou aqui?”

A expectativa era grande.

— E agora? — perguntou o palestrante. — Antes de tentar ajudar nosso hóspede com amnésia, o que os senhores acham de enunciar o nome do hotel?

— O nome do hotel? — disse um dos participantes.

Havia um ar de espanto em algumas faces e resignação em outras. Ele fala como se fosse a pergunta mais natural do mundo, pensei com meus botões... Mais natural do mundo?! Mundo?!...

É isso! Mundo! O hotel deve ser o mundo. Só pode ser. Apesar do receio de errar, arrisquei.

— Mundo?

— Muito bem! Que tal planeta Terra? — replicou o palestrante enquanto eu acenava que estava de acordo.

— E o nome do hóspede? — disparou o palestrante.

— João! — disse o rapaz na primeira cadeira da esquerda.

— João? — perguntou o palestrante enquanto todos os olhares da sala miravam o João.

— Por quê?

— Porque João é meu nome! E eu não sei quem eu sou! Quero dizer: nesta vida eu sei, mas se eu existi antes e não lembro, eu não só não sei quem sou como não sei nenhuma das outras respostas!

O riso geral deu lugar a um silêncio que indicava o efeito daquele interessante exercício de filosofia.

Aos poucos as peças foram se encaixando e pareceu que a turma toda foi alcançando o significado da história. Parecia um dominó. Um burburinho foi crescendo e tomou conta da sala.

— Então o hóspede é cada um de nós — eu disse ao meu colega do lado, como quem descobre algo importante.

— Muito bem, muito bem! — repetiu o palestrante. — Vocês se saíram muito bem. Vocês alcançaram um conceito muito importante e muito antigo. Já na Grécia antiga Sócrates exortava seus compatriotas a questionarem o conhecimento e a buscarem o autoconhecimento. A frase "conhece a ti mesmo" é dessa época. E agora que temos as perguntas, vamos ver se construímos algumas respostas para as cinco questões.

A expectativa do início havia aumentado.

— Bem — iniciou o palestrante — já que estamos "hospedados" no mundo, vejamos o que ele pode nos oferecer como respostas. Que tal se começássemos com "onde estou"? Suponham que em nosso quarto de hotel há um balcão com gavetas e em uma dessas gavetas há um mapa.

Um mapa?, pensei. Um mapa pode ajudar a me localizar.

— Bem — disse o palestrante — notem que se o mapa for um mapa atual, nós saberemos onde estamos, não é? Mas e se for um mapa antigo? — perguntou, já antecipando nossa decepção.

— Daí não serve — disse um dos colegas.

— Calma — pediu o palestrante — se for um mapa antigo, nem por isso é inútil, afinal sempre terá valor histórico e poderá nos ajudar a compreender o passado — disse, fazendo uma breve pausa.

— Então, o que é que nós esperamos dos "hotéis"? — perguntou o palestrante.

— Que tenham mapas atualizados! — disse alguém.

(Lembre-se, este diálogo ocorreu antes do Google Maps!)

— Muito bom! Com isso concluímos que é importante que os "hotéis" ofereçam bons mapas e que eles sejam continuamente atualizados de modo a orientar quem chega ou quem já está no hotel há algum tempo e desperta com perguntas como as nossas.

A apreciação era geral, e a próxima pergunta já não causou tanta surpresa.

— Então o que é o mapa dentro dessa analogia que estamos trabalhando? — perguntou o palestrante.

— O estudo? — perguntou uma das participantes.

— Sim, mas estudo do quê?

— O conhecimento? — perguntou outra.

— Sim, mas sobre o quê?

— A religião? — perguntou uma senhora que falou pela primeira vez.

— Isso! — disse o palestrante, visivelmente contente. — A religião! Vejam, se a religião não evolui com o ambiente, com o homem, as respostas que ela produz já não atendem às perguntas atuais. Ou seja, assim como o mapa, ela continua tendo valor histórico e servindo como referencial sobre o passado, mas perde seu valor prático para o presente. Então o que é que nós esperamos de uma religião que se proponha a servir de mapa?

— Que ela seja moderna? — perguntou um colega.

— Depende do que signifique moderna. Se você quer dizer que incorpore as descobertas científicas, estamos de acordo.

— E as religiões não incorporam? — perguntou um senhor.

— Algumas incorporam, outras não! Afinal, é de conhecimento geral que algumas das posições de várias religiões são claramente contrárias a alguns fatos comprovados pela comunidade científica mundial. O que ocorre é que alguns religiosos receiam perder credibilidade se admitirem que estavam errados. Mas na verdade as pessoas deixam de acreditar exatamente porque certos dogmas já não fazem mais sentido com tudo o que sabemos hoje. Mas voltemos às nossas perguntas.

— Onde estou? — perguntou o palestrante a uma jovem que anotava quase tudo.

— No planeta Terra? — respondeu ela.

— Sim... e o que mais?

— Não sei...

— Que tal se fôssemos mais genéricos e disséssemos: em um dos muitos planetas habitados? — disse o palestrante.

Olhares se cruzaram e expressões de concordância encheram o ambiente.

— Sim, pois de outra forma cometeríamos o mesmo erro que nossos antepassados que acreditavam que o sol girava em torno da Terra e que a Terra era o centro do Universo. Afinal, não podemos esperar que em pleno século XXI e com milhões de sistemas solares similares ao nosso, não haja algum tipo de cultura, com algum grau de adiantamento similar ou diferente do nosso.

O burburinho voltou, mas logo deu lugar à expectativa silenciosa.

— E quem sou? — perguntou o palestrante a um jovem no fundo da sala.

— O senhor é o Dr. Geraldo Graça — disse ele, sorrindo. O riso e a aprovação foram gerais.

— Obrigado por me lembrar, mas o que mais? Faça a pergunta a si mesmo. Não fale, apenas pense: quem sou?

— Sou uma pessoa — disse o jovem.

— De acordo, mas o que é a pessoa?

O 'hummm...!' foi geral. Lá vamos nós novamente, pensei.

— Vamos por partes — disse o palestrante. — Como pessoa, você é um corpo e tem um espírito ou é um espírito e tem um corpo?

Novamente o silêncio fazia o seu trabalho. Dava quase para ouvir milhões de neurônios buscando a resposta mais coerente.

— Eu sou um corpo e tenho um espírito — arriscou um colega.

— Veja: se eu sou um corpo e o corpo sabidamente desaparece, então eu desapareço ao morrer. Por outro lado, se eu sou um espírito e tenho um corpo, eu sou permanente e estou em um corpo temporário que me serve de veículo de aprendizado.

— Quer dizer que, se houver uma próxima vida, eu serei uma outra pessoa?

— Um taxista se torna outro taxista ao trocar de carro? — perguntou o palestrante.

— Não! — respondi confiante.

— Isso mesmo. Muda o carro, mudam os hábitos, mas o motorista é o mesmo. Os novos pais irão propiciar um novo veículo físico, o qual poderá não ter qualquer semelhança com o anterior, mas o habitante desse novo corpo ainda será você.

— Só que não vou lembrar de nada, não é?

— Se você esquecer tudo, qual o propósito do aprendizado? Você não lembrará das lições, mas voltará sendo o ser que você se tornou por meio do aprendizado que internalizou.

— Será por isso que crianças de uma mesma família e que recebem a mesma educação às vezes revelam comportamentos bem diferentes?

— Precisamente, pois do contrário teríamos que acreditar em dons e Deus nos pareceria menos justo ao dar dons magníficos para alguns e defeitos morais para outros.

— Então, eu sou um espírito e tenho um corpo. Mas e o que é o espírito? — perguntou um moço que ainda não tinha se manifestado.

— Parabéns! — disse o palestrante. — Você está pegando o jeito. A pergunta bem feita é uma boa ferramenta para alcançar a resposta. Alguém pode me ajudar a responder?

— Energia? — arrisquei.

— Energia... — repetiu o palestrante, como se eu não tivesse errado nem acertado. — O que mais? — perguntou.

— Uma centelha de Deus — disse uma senhora aparentemente estudio sa do tema.

— Alma — disse o senhor do fundo.

— Sim — disse o palestrante — não é possível discordar de nenhum de vocês. Mas o que é que diferencia um espírito do outro?

— A educação? — perguntou outra colega.

— Por acaso você quer dizer conhecimento?

— Sim!

— Conhecimento acumulado. Que tal se disséssemos que o espírito é a soma das suas vivências e convivências? Tudo o que vivi, aprendi, acertei e errei, faz agora parte do que eu sou. Por isso sou único no universo, pois ninguém viveu o que vivi. O mesmo se aplica a cada ser humano. Com isso chegamos à nossa segunda resposta: eu sou um espírito ligado a um corpo que me serve de veículo de expressão e movimentação.

— E de onde venho? — disse um senhor, ansioso para continuar.

— Pois é, está aí uma ótima pergunta para a qual não há uma resposta precisa. Acreditamos que, assim como nosso DNA registra nossa história evolutiva, em nossa memória não acessível deve estar o registro da nossa trajetória. Quem sabe um dia tenhamos acesso a partes ou ao todo, mas por enquanto tudo o que sabemos é que somos oriundos do que se convencionou chamar de polissistema cultural espiritual.

— Polissistema? — perguntei.

— Sim, porque entendemos que assim como há diversidade no polissistema cultural material, há também uma infinita diversidade no sistema espiritual; daí a denominação polissistema cultural espiritual.

— Então isso responde à pergunta "para onde irei?", não é?

— Exatamente. Irei para a minha origem, que é o polissistema cultural espiritual.

— Quer dizer que volto à minha origem?

— Só que, como no universo a única constante é a mudança, as pessoas e as coisas poderão ter mudado, mas não tanto que você, com o tempo, não as reconheça.

— Parece fantasia — disse uma jovem.

— A ciência não tem demonstrado ao longo dos anos que a realidade é frequentemente mais surpreendente que a fantasia? — perguntou o palestrante.

— É — disseram alguns, enquanto os demais se entreolhavam conformados com o fato de que o que ele disse era incontestável.

— E a última pergunta? — arriscou a senhora.

O palestrante foi até o quadro e grifou a frase "Para que estou aqui?". O coordenador do nosso grupo, que até o momento havia se mantido em silêncio, olhou no relógio e falou:

— Eis aí uma pergunta que deveríamos poder responder antes de encerrar nossa reunião de hoje.

Comparada com as demais, e a julgar pelo grifo, essa pergunta assumiu o papel de ponto alto da noite. Todos pareciam concordar, mas ninguém dava sinais de saber a resposta.

— Para resgatar meus erros? — disse uma moça.

— Você quer dizer pagar os pecados? — perguntou o palestrante.

— É... — afirmou a moça, meio hesitante.

— Será que essa não é a visão antiga de um Deus que pune seus filhos? Será que não faz mais sentido que a vida material seja encarada como um bem em lugar de ser vista como um mal?

Depois de um longo silêncio, nosso palestrante fez uma nova pergunta:

— O que temos feito desde o momento que nascemos?

— Aprendido? — arrisquei.

— Isso mesmo! Aprendemos a chorar, mamar, engatinhar, andar, falar, correr, ler, desenhar, cantar, nadar, relacionar-se, e tantas outras.

— Mas isso a gente já não aprendeu em outras encarnações? — perguntou o senhor do fundo.

— Muito bem! Se aqui estamos para aprender, é de se concluir que temos que aprender o que ainda não sabemos, não acham?

A concordância foi geral e nosso palestrante fez a nova pergunta.

— Então o que é que ainda não sabemos?

— Seria amar o próximo? — perguntou o jovem ao meu lado.

— O que levava um aluno a repetir o ano? Não era o fato de não ter acompanhado os demais alunos e aprendido o que os demais já aprenderam?

— Somos então os maus alunos?

— Nem todos, ou não em tudo, mas se fôssemos os melhores da classe, faria sentido estarmos aqui?

— Será que a gente não veio em missão? — perguntou uma jovem.

— Quem sabe? Mas seriamos todos missionários? — perguntou o palestrante.

O riso geral nos ajudou a concluir que somos alunos, sim, e possivelmente não somos os primeiros da classe. O palestrante continuou.

— De qualquer maneira, a Terra é uma escola maravilhosa, e tão logo mais pessoas alcancem as conclusões que alcançamos hoje, quem sabe possamos torná-la ainda melhor?

— Como saberei o que me falta aprender? — perguntou o senhor lá do fundo.

— Uma maneira de descobrir é observar as situações nas quais nos saímos bem. Essas possivelmente fazem parte do nosso patrimônio de conhecimento. Por outro lado, aquelas situações nas quais nos saímos mal provavelmente fazem parte das coisas que nos falta aprender ou exercitar mais para solidificar o domínio do tema.

— Há alguma outra maneira? — perguntei.

— Assim como ninguém sai para uma importante viagem sem um planejamento adequado, é natural que antes de voltarmos para cá, a gente trace um plano geral para nossa trajetória de autoaperfeiçoamento na Terra.

Nosso coordenador aproveitou a pausa para sinalizar que o tempo estava se esgotando e que teríamos que encerrar nossa atividade para cumprir a regra da pontualidade. Ele agradeceu ao palestrante pela excelente reunião, no que foi apoiado por todos os participantes.

Nosso palestrante sentou-se como os demais. Após alguns momentos de silêncio, nosso coordenador disse:

— Agradecemos a Deus e a todos que colaboraram para o êxito desta reunião. Que possamos refletir ao longo da semana sobre o que debatemos neste dia. Que possamos analisar nossa trajetória de vida até o presente momento e reavaliar se estamos fazendo nosso melhor em benefício da humanidade, e por consequência em nosso próprio benefício. Uma boa semana a todos e até a próxima quinta.

O palestrante foi logo cercado por várias pessoas, algumas para cumprimentá-lo e despedir-se, e outras para fazer alguma pergunta de última hora.

Aos poucos a sala foi se esvaziando e retornamos aos nossos lares imersos em profundas reflexões em torno das perguntas: onde estou, quem sou, de onde vim, para onde irei e para que estou aqui.

Hoje, vinte e cinco anos depois, continuo trabalhando minhas próprias respostas, e sou muito grato ao Dr. Geraldo Graça por ter nos ajudado a alcançar perguntas tão significativas como aquelas. Alegra-me também poder dividi-las com você que lê estas linhas, pois isso me traz a sensação de estar resgatando uma dívida de honra ao dar minha pequena contribuição para a ampliação da consciência de outros alunos da escola da Terra.

CONCEITOS DE ATITUDE CIENTÍFICA, FILOSÓFICA E RELIGIOSA

De que vale o conhecimento se não for aplicado? Sabemos que vale pouco. Contudo, como aplicar o conhecimento senão pelas nossas ações? Por isso é importante compreender que é pela atitude científica, filosófica e religiosa que faremos a aplicação do conhecimento. A seguir veremos alguns exemplos de atitudes para tentar sedimentar o entendimento e facilitar a prática das atitudes que ajudarão em nossa autoconstrução.

Antes da análise de cada atitude é importante ter em mente que a separação entre filosofia, ciência e religião é meramente didática. Seria mais ou menos como a separação de uma vitamina de mamão, banana e morango. Antes de ir para o liquidificador são coisas individuais, mas depois de processadas nós mudamos o nome para vitamina.

A combinação entre filosofia, ciência e religião pode ser chamada de unidade do conhecimento, e percebemos o efeito dessa composição quando observamos seu efeito nas pessoas através das mudanças na sua forma de pensar, falar e agir.

ATITUDE CIENTÍFICA

A atitude científica é a atitude da observação, avaliação, comparação, experimentação. É ela que permite às pessoas verificarem quais verdades correspondem à realidade.

Como avaliar a pressão sanguínea de um paciente sem medi-la? Como um administrador poderá saber se a empresa está dando lucro ou prejuízo se não analisar e auditar o demonstrativo de resultados da empresa?

Como compreender a complexidade de um sistema com sua intrincada rede de causas e efeitos sem usar a transdisciplinaridade na construção das respostas?

É evidente que nem tudo pode ser medido, visto e tocado, mas muitas coisas podem ser analisadas com profundidade pelos métodos indutivos e dedutivos, permitindo a ampliação do entendimento dos vários enigmas que permaneceram encobertos durante milênios.

Assim como os detetives, nós também podemos deduzir algumas causas a partir dos seus efeitos.

ATITUDE FILOSÓFICA

A atitude filosófica é a potencialidade crítica que permite a cada ser alterar sua visão da realidade.

Exercitamos a nossa atitude filosófica cada vez que questionamos as ideias, os valores, os comportamentos, as verdades. Não propomos a dúvida sistemática, ou o desafio leviano, mas a busca sincera de verdades mais completas.

A atitude filosófica deve substituir a atitude crédula, que tudo aceita sem submeter ao crivo da razão.

A atitude filosófica pode nos ajudar a libertarmo-nos da crença em mitos e lendas e gradualmente substituir a fé cega pela fé crítica raciocinada.

Entendamos a fé crítica como a fé que busca sustentação para seguir acreditando.

ATITUDE RELIGIOSA

Para compreender a atitude religiosa, é importante compreender que religião não se confunde com igreja, pois religião é código moral centrado na priorização do ser e na defesa da vida. Igreja é instituição organizada com estrutura de poder, com autoridade, hierarquia e dogmas. Assim sendo, podemos deduzir que a religiosidade se manifesta no comportamento de cada um como reflexo das verdades que cada um alcançou.

Para alguns, religiosidade é deixar o cabelo crescer sem nunca cortá-lo, ao passo que para outros é raspar a cabeça.

Algumas pessoas ainda se enclausuram pelo resto da vida em mosteiros ou retiros, ao passo que outros saem em peregrinação pelo mundo.

Para alguns a atitude religiosa consiste em pregar o amor a Deus sobre todas as coisas e ao próximo como a si mesmo, ao passo que outros pregam a morte aos infiéis.

Há os que promovem a tolerância e a não violência, ao passo que outros promovem a perseguição dos que seguem outras crenças.

Para uns é crescer e multiplicar-se, ao passo que para outros é manter o celibato.

Esses extremos parecem apontar para o fato de que ninguém tem o monopólio da verdade; que o problema não está nas religiões e seus códigos de ética, mas na enorme ignorância sobre as leis naturais como a lei de causas e efeitos. Tudo isso acaba gerando interpretações distorcidas que levam ao mau uso do livre-arbítrio.

Que possamos compreender que a grande meta de todos deve ser a de tratar o próximo assim como gostaríamos de ser tratados.

LIBERTANDO-SE DOS MITOS

Será que já nos livramos dos mitos, ou apenas os substituímos por outros? Será que os santos de hoje não correspondem aos deuses dos gregos e dos romanos? A que mitos ainda estamos presos? Quando nos livraremos deles e nos aproximaremos um pouco mais do núcleo da verdade? O que é a verdade? Quais as verdades que mais se aproximam da realidade? Que outras perguntas nos conduzirão para fora da caverna do não saber e em direção à iluminação do conhecimento? Que novas verdades aguardam para serem reveladas ao pensador dedicado? Como ampliar nosso entendimento sobre o que é o ser? Qual sua origem? Qual sua finalidade?

Onde começa essa busca senão na atitude filosófica, apoiada na atitude científica e orientada pela atitude religiosa, ou seja, pela atitude ética?

Ao leitor interessado, sugerimos a leitura de algumas peças gregas como "Antígona", "Prometeu Acorrentado", "Medeia", "Édipo Rei", entre outras. Nessas peças temos a oportunidade de visitar o pensamento grego antigo e compreender suas crenças e valores. Isso nos ajudará a entender o difícil ambiente no qual circulavam os filósofos aqui mencionados.

A busca da autoiluminação é longa. Seu início se perde no passado e seu término não pode ser previsto.

Que possamos todos descobrir o prazer que é despertar para essa busca que nos leva de degrau em degrau rumo a respostas que geram perguntas cada vez mais interessantes.

A antiga busca continua e você faz parte dela.

É muito bom estarmos juntos nesta grande caminhada de ampliação da consciência.

Se você gostou, divida essas ideias com quem você gosta.

AGRADECIMENTOS

Nosso agradecimento aos coordenadores dos grupos de estudos da Sociedade Brasileira de Estudos Espíritas, que plantaram as sementes iniciais deste trabalho, nos motivando a ampliar nossos estudos nas áreas de Filosofia, Ciência e Religião.

Agradecemos especialmente ao Coordenador Geral dos Grupos de Estudos da Quinta-Feira, Dr. Mário Eduardo Branco, ao Dr. Oswaldo Henrique Branco, e ao Dr. Geraldo Graça, pelo inestimável incentivo ao estudo da filosofia. As várias oportunidades que tivemos de participar dos exercícios filosóficos conduzidos por eles nos ajudaram a ampliar nossa capacidade crítica e a compreender o potencial da atitude filosófica, científica e religiosa.

Aos participantes do Módulo III de 2002 da 5.a Feira, que abraçaram a ideia de cada estudante adotar um filósofo e reunir fatos significativos sobre os questionamentos e contribuições que o seu escolhido deixou para a posteridade. À medida que os esboços foram surgindo, as ideias foram fluindo e a construção foi ganhando o corpo que agora possui. O entusiasmo de cada participante no trabalho de pesquisa foi fundamental para obter um sumário que pudesse beneficiar os futuros estudiosos do tema.

Nosso agradecimento especial (in memoriam) à professora Thais Cordeiro de Mascarenhas, responsável pela disciplina de Filosofia, por seu incentivo e contagiante entusiasmo pela filosofia.

Agradecemos ainda à nossa querida amiga Paula Velloso Moreira, então colega de estudos do curso de capacitação de monitores, por sua valiosa leitura e por suas sugestões na revisão deste trabalho.

Esperamos que o leitor tire deste ensaio tanto proveito quanto nós que nos envolvemos na compilação e organização do texto final. Nosso desejo é que este breve trabalho sirva de motivação para pesquisas mais profundas na busca de resgatar as ideias que foram alcançadas tão cedo na caminhada rumo à libertação dos mitos que desde há muito confundem e aprisionam o espírito humano.

Paulo Henrique Wedderhoff

Outubro 2022

BIBLIOGRAFIA

ABRIL CULTURAL. **Os Pensadores - Pré-Socráticos.** 2. ed. p. 213-255. São Paulo, 1978.

DURANT, W. **Nossa Herança Clássica.** Rio de Janeiro: Record, 1966.

GAARDER, J. **O Mundo de Sofia.** São Paulo: Cia das Letras, 1995.

MAGEE, B. **História da Filosofia.** 3. ed. Loyola, 2001.

OSBORNE, R. **Filosofia para Principiantes.** Rio de Janeiro: Objetiva, 1988.

PIRES, J.H. **Introdução à Filosofia Espírita.** FEESP, 1993.